Josef „Bäff" Piendl

„Des glaubst ja selba net!"

Josef „Bäff" Piendl

„Des glaubst ja selba net!"

Piendl Verlag

ISBN 978-3-00-054499-6

Fotos: Foto Koch, Roding
Zeichnungen: Winfried Prasch, Beucherling
Notensatz: Martina Werner, Stamsried
Druck: Vögel, Stamsried

Inhalt

Etwas, was man immer brauchen kann:

Zum Schluss noch ein paar Lieder vom Bäff

Ein kurzes Schlusswort

Vorwort

Liebe Freunde des bayerischen Humors!

Nachdem meine beiden Bücher „Bloß zwecks daa Gaudi!" und „Des konnst laut sogn!" so gut angekommen sind, und ich oft gefragt wurde, wann denn das nächste Buch erscheint, ist es mir eine Freude, Ihnen nun mein drittes Werk zu präsentieren!

Sicherlich haben Sie eine gute Wahl getroffen, denn in den vergangenen Jahren meiner humoristischen Tätigkeit habe ich wieder viel Lustiges gehört, erlebt, aufgeschnappt und dann in meinen Worten niedergeschrieben!

Es ist eine Ansammlung von Witzgedichten, Geschichten, Anekdoten, Witzen und Liedern. Eigentlich müsste für jeden etwas dabei sein.

Lachen ist bekanntlich die beste Medizin. Ich wünsche Ihnen, dass Sie bei diesen Zeilen herzhaft lachen können und somit etwas für Ihre Gesundheit tun!

In diesem Sinne wünsche ich Ihnen viel Spaß beim Lesen, lehnen Sie sich zurück, entspannen Sie sich und genießen Sie die Zeilen!

Mit besten Wünschen

Ihr

Josef Piendl

Josef „Bäff" Piendl

Über Ehe,
Liebe,
Partnerschaft
und andere
Katastrophen!

Das Weihnachtsgeschenk für die Frau _____

Bist schaust, is wieda a Jahr vorbei,
ma denkt, wos schenk i bloß meim Weih.
Die Männerwelt hot scho viel diskutiert,
weil eigentlich scho alles ausprobiert.
Ob Parfüm, Kleidung oder Schmuck,
des meiste tauschens wieda zruck.
A Gutschein, der is ideenlos,
und a 500-er is meist zu groß.
Bloß da Sepp, der hot a andere Idee,
weil der hot a Büchsn auf'm Nachtkastl steh,
und jedsmol, wenn er Liebe macht mit seim Weih,
duat er an Euro in de Büchsn nei.
Und vo dem wos do dann drinnen is,
kauft er a Weihnachtsgeschenk für seine Annelies.
Vor 20 Johr hams no viel bussiert,
do hot se des für d'Annelies rentiert,
doch mittlerweile is des Eheleben ziemlich faad,
heuer griagts bloß a Tafel Schokolad!

Der besoffene Ex _____

Die Res und ihra Ehemo,
die sitzen in einem Restaurant,
auf oamol hot sie an Reflex,
he, der Bsuffane do hintn is mei Ex!
Bsuffa is der jeden Doch,
und saufa duat er wia a Loch,
seit i mit eahm damals Schluß gmocht ho,
des war vor ungefähr 18 Johr!
Do sagt ihr Mo, der hoaßt Wolfgang,
Respekt, der feiert owa lang!

Die Busfahrerfrage

Beim Vereinsausflug nach Südtirol,
fühlten sich alle pudelwohl,
doch nach drei Tagen Müßiggang,
kehrt man wieder voll Tatendrang,
im Luxusbus bei Stimmung pur,
den Weg Richtung der Heimat zua.
Doch bei so großer Streckenlänge,
hat mancher ja so seine Zwänge,
der Kopf ist rot, die Blase drückt,
da vorne rechts, o welch ein Glück,
a Raststätte am Fahrbahnrand,
und was nun kommt, des is bekannt.
Nach 20 Minuten Pausentrott,
nimmt der Busfahrer ganz flott,
sein Mikrophon und sagt ganz laut,
dass jeder bitte rüberschaut,
ob er seinen Sitznachbarn hot,
weil nämlich jetzt da Bus glei fohrt.
Und kurz bevor der Bus abhaut,
schreit vo hint Oana ganz laut,
um Gottes Willen, es is koa Spaß,
mei Frau geht ob, drum gib schnell Gas!

Kopfweh

Es sagt zur Frau ihra brava Mo,
i hob dir a Kopfwehtablettn ins Wossa do,
do sagt sie, i hob doch jetzt gor net Kopfweh,
ui, sagt er, na könnt ja heit wos geh!

Motorradfahrer

Hinter einem Motorrad,
fährt da Sepp mit seim Passat.
Und zufällig duat er hinblicken,
auf den Biker seinen Rücken.
Wos er do lest, glaubt er fast net,
weil auf dem seiner Jacken steht,
wenn Sie des lesen könna, bin i voller Zorn,
weil dann hob i meine Frau volorn.

Die Wahrsagung

Zur Wahrsagerin die Lis grod kimmt,
will wissen, wos die Zukunft bringt.
Do schaut die Wahrsagerin d'Lis an,
in dein Leben tritt ein junger Mann.
Do hot die Lis bloß d'Augn aufgrissn,
wia schaut aan aus, will sie glei wissn,
Do sagt die Wahrsagerin, der is gsund,
blond, jung und wiegt 7 Pfund!

Der Spaziergang

Die Landschaft, die ist wunderbar,
und drum geht a junges Liebespaar,
händchenhaltend verliebt spaziern,
daan lachen, schmusen und bussiern.
Do sagt er, mia is a Idee kemma,
mir könnt ma doch a Abkürzung nehma.
Wos a Abkürzung sagt sie, duat ma leid,
owa du woaßt as doch, i hob koa Zeit.

Die Gulaschsuppn

Die Eheleut vo da hohen Kuppn,
essen mitnand a Gulaschsuppn.
Er sitzt do, und vis-a-vis,
sitzt net er, sondern sie.
Aus jedem Teller dampfts schee raus,
allzwoa hebns o, und löffeln aus.
Do zittert sie plötzlich aso,
und draidert ihra Blusn o.
I schau aus wia a Sau, sagts ganz schwaa,
ja sagt er, und odraidert host de a!

Der Quicki

Bei einer schnellen Nummer, genannt Quicki,
sagt zu eahm die dralle Vicky,
du i gspür di gor aso,
host ebba a Kondom mit Noppen dro?
Sagt er, he wos redst denn du fürn Mist,
i hob Gänshaut, weil du so greislich bist.

Nach der Kur

Vier Wochen war de Frau net do,
denn sie war auf Kur,
da Mo kimmt grod vom Wirtshaus hoam,
und sie schimpft in oana Tour.
Wos host denn, es is erst zehne,
verteidigt sich da Mo,
host recht, sagt sie zu eahm,
owa i bin scho zwoa Dog do!

Die fleischfressende Pflanze

Es kommt in die Gärtnerei,
ein ganz seriöser Mann,
und fragt die Floristin,
obs fleischfressende Pflanzen ham.
An wos hamms do genau gedacht,
schaut sie eahm fragend o,
no ja, sagt er, an eine Frau,
mit zwoaradachzg Kilo.

Das Spiegelbild

Sie steht nackt vorm Spiegel, außer sich,
und ärgert se ganz fürchterlich.
Jetzt schau mol her, sagts zum Mo,
mei Haut wird faltig und runzelt scho,
mit meinen Brüsten geht's bergab,
der ganze Körper wird scho schlapp.
A mein Hintern sich verbreitert,
geh Schatz sog ebbas, des wo mich aufheitert.
Ja mei, sagt er und mocht ihr Muad,
wias scheint, san deine Augn no guad.

Woaßt, wos ma gor net passt?

Er sitzt im Wohnzimmer, hat eine halbe Bier in der Hand, hat die
Füße auf dem Wohnzimmertisch und schaut genüsslich das Fuß-
ballspiel an!
Da kommt seine Frau grantig aus der Küche ins Wohnzimmer und
sagt: „Woaßt du, wos ma gor net passt?"
Sagt er süffisant: „Größe 36!"

Zu spät dran

Beim Essen im Speiserestaurant,
sagt schmachtend sie zu ihrem Mo,
ich wollt, wir wärn gestern scho do g'sessen,
weil do wärs sicher no warm gwen, unser Essen!

Scheidungsgedicht

Ihr Zwei, die sich mal lieb fanden,
habt es endlich überstanden,
die schönen Jahre sind vorbei,
das End ist da, es sei, wie es sei.

Aus ist, dass sie sich so verfluchen,
und des anderen Fehler suchen.
Endlich könnt ihr auch vergessen,
wie ihr beieinand gesessen!

Am Küchentisch bei Totenstille,
es nervt das Gesicht, es nervt die Brille,
es nervt das Einatmen der Luft,
und der so entsetzliche Duft.

Alles, was mal traumhaft war,
kotzte an die letzten Jahr.
Es kotzte auch, das sich Berühren,
das komische Schuhbänder schnüren!

Das Husten und a jeda Schoaß,
machte gegenseitig hoaß!
Ihr habt euch gegenseitig angelogen,
und wahrscheinlich auch betrogen!

Und so habt ihr euch gedacht,
wird der Schlussstrich nun gemacht.
Der Anwalt reibt sich schon die Hände,
ein Ehefehler geht zu Ende.

Denn was nicht zusammengehört,
und sich gegenseitig stört,
muß gerichtlich getrennt wern,
und wenn die Kinder noch so plärrn.

Ihr meints, dass aso jetzt besser is,
und es kommt das Paradies.
Wennts moants, auch ich gratulier,
zu eurer Scheidung heute hier.

Fangts nomol o, und zwar von vorn,
vergessts den jahrelangen Zorn,
gebts euch noch einmal die Hand,
und geht wenigstens im Guten auseinand!

Der Zeitungsbericht

Am Stammtisch do sitzt da Onkel Here,
und sagt zum Wirt, gib ma mol die Schere,
weil do in da Zeitung steht a Bericht,
des is für mi a interessante Gschicht.
Do hot a Mo sei Frau umbrocht,
weil de hot se Sorgen gmocht,
und hot seine Anzugtaschen mit einem Gschieß,
allweil durchsuacht, wenn er hoamkema is!
Und den Artikel, des sog i dir glei,
steck i jetzt in mei Jackentaschen nei!

Doppelnamen _____

Es war die Frau Sommer, die heiratet Herrn Loch,
sie wollte einen Doppelnamen,
nun heißt sie, Sommer-Loch.
Ihr Gatte ist ein Journalist, und sagt is des gemein,
as ganze Jahr hob i jetzat as Sommerloch daheim!

Und es war die Frau Pleite, die heiratet Herrn Geier,
und weils an Doppelnamen wollt,
heißt sie nun Pleite-Geier.
Ihr Gatte gewann im Lotto, und lebt in Saus und Braus,
und trotzdem hat der Millionär an Pleitegeier im Haus!

Es war auch die Frau Wunder, die heiratet Herrn Schön,
und durch ihren Doppelnamen,
heißt sie nun Wunder-Schön.
Doch egal, wer ihr begegnet, der sagt es zu ihr nicht,
denn dieser Name passt gor net zu dem Gsicht!

Es war die Frau Strunz, die heiratet Herrn Bled,
und weils an Doppelnamen wollt,
heißt sie nun Strunz-Bled.
Und ausgerechnet diese Frau, die hot as Abitur,
und trotzdem sagt se so mancher, is des a blöde Kuah!

Es war auch die Frau Schwarz, die heiratet Herrn Weiß,
auch sie wollt einen Doppelnamen,
und heißt nun Schwarz-Weiß.
Ob Fasching, Freibad, Blumenball, es is ein Malheur,
egal, aber es heißt immer, do kimmt Schwarz-Weiß daher!

Es war auch die Frau Bäcker, die heiratet Herrn Bäcker,
sie wollt auch einen Doppelnamen,
jetzt heißt sie Bäcker-Bäcker.
Und ausgerechnet diese zwei hamm eine Bäckerei,
d'Kundschaft sagt, an Pecker hot da Bäcker wia sei Weih.

Es war die Frau Holz, die heiratet Herrn Bredl,
und weils an Doppelnamen wollt,
heißt sie nun Holz-Bredl.
Seine Freund daan gern über beide philosophiern,
genau den Namen, den sie hot des hot er vorm Hirn!

Es war noch Herr Grill, der heiratet Frau Meister,
weil sie an Doppelnamen wollt,
heißt sie nun Grill-Meister.
Die Freunde sogn, wia denn des kimmt,
dass ausgerechnet Grill-Meister Veganer sind!

Und dann war noch Herr Preuß, der heiratet Frau Bayer,
und dieser Doppelname, is der Schrei auf jeder Feier!

Der vermittelnde Hochzeitslader _____

Fast im ganzen Bayernland,
bin ich als Hochzeitslader wohlbekannt.
Viele Paare hab ich am Hochzeitstag geleitet,
und mit in die Ehe begleitet.
Und manchmal wurde ich gefragt,
quasi nebenbei hamms zu mir gsagt,
wüsstest du koan Partner für mi,
weil i no allweil ledig bi!
Freile könnt i do manchen Namen nenna,
bin ja doch weit umanandakema.
Und so tat es halt angehn,
bin i nebenbei a no Vermittler gwen!
A Schmuser, so sagt ma bei uns im Gäu,
so mancher besorgte ich an Mo, und manchem aa a Weih!
Und so hab ich mit Bedacht,
23 Paare zusammengebracht!
Ja, 23 Ehepaare taten des sei,
und in 21 Häuser davo derf i jetzt nimma nei!

Die Frage _____

Sie schaut ihn ganz freundlich o,
sog ma amol mei liaba Mo,
du woaßt i hob di doch so liab,
owa wenn i amol vor dir stirb,
wird dei Herz do weiter wandern,
schlofst du dann mit einer Andern?
Ganz spontan kimmts dann aus eahm,
Weibl, do braucht du net erst sterm!

Donauspaziergang

Es geht ein älteres Ehepaar,
am Donauufer spaziern.
Sie redt und ratscht ununterbrochen,
eahm duats net interessiern!
Do kommt a scheenes Derndl,
de zwoa Leut entgeng,
du host de grod oglocht, sagts,
i hob des genau gseng!
Do drauf sagt dann zu ihr,
der überrumpelte Mo,
bei dir hob i fei a glacht,
wia i di s'erste Mol gseng ho.

Das Sauwetter

Es stürmt und rengt scho stundenlang,
sogor dem Vatern wird scho bang.
Kräftig sagt er ganz bestimmt,
i hoff, dass koa Hochwasser kimmt!
Auf oamol schepperts ziemlich laut,
weil wer mit da Faust an d'Haustür haut!
Erschrocken schauand d'Kinda brav,
und da Vater macht die Haustür af!
Ein Anblick, der ihn erschaudern lässt,
d'Schwiegermuada steht draussn, ganz durchnässt.
Ja Schiegermuada, du wirst ja krank,
wos läufst denn bei dem Sauwetter umanand,
du zitterst ja scho, so wia i moan,
bitte geh holt wieda hoam!

Über Krankheiten, Doktoren, Schule und andere Beschwerden!

Die Magenoperation

Da Hans liegt auf da Intensivstation,
denn er hatte a Magenoperation.
Do is da Doktor zu eahm kumma,
und sagt, mir ham fei scho wos gfuna.
Owa koan Tumor, koan Bruch und aa koa Gschwör,
Hans pass auf und horch mol her,
a Sensation kaum zu verstehn,
owa im Mong do is a Schwamm drin gwen!
Do sagt da Hans, jetzt woaß i gwiss,
wo der Durscht herkemma is!

In der Apotheke

A Mo fragt in da Apotheng,
könnens maa wos gegan Schluckauf gem?
Do schaut der Apotheker gor net lang,
und haut eahm oane auf die Wang.
Und sagt, noch ana solchan Schelln,
wird se der Schluckauf nimma meldn.
Do sagt da Mo, des konn scho sei,
bloß den Schluckauf hot dahoam mei Weih!

Der Säufer

Wenn Sie so weitersaufen, sagt die Anett,
dann bin ich sicher, hob i Sie bald bei mir im Bett!
Do lallt er hi, bist ebba du a scharfe Maus?
Naa, sagts, i bin Oberschwester im Krankenhaus!

Ein Arztgespräch

Beim Doktor sagt eine Frau,
eigentlich hob i koan Bedarf,
owa wenn i Alkohol trink,
dann werd i total scharf.
Do schaut der Doktor skeptisch,
und holt die Schwester rein,
er sagt, ach bitte Schwester,
bringans mol a Flaschn Wein.

Der kranke Elefant

Da Elefant, drinnen im Zoo,
der kränkelt seit a paar Wochen scho!
Er huast und huast, da Rüssel schwingt,
bis endlich amol da Tierarzt kimmt.
Der sagt zum Wärter, kein Problem,
dem muaßt bloß a Flaschn Wodka gem.
Weil des dem sei Gurgl schmiert,
und die Bakterien desinfiziert.
Noch drei Tag ruaft da Wärter den Tierarzt o,
und sagt, gholfa hot da Wodka scho,
doch i frog me, wia konn denn des sa,
weil jetzt huastn de andern Elefantn a!

Die kündigende Putzfrau!

Die Putzfrau einer großen Bank,
sagt zum Direktor, i bin net krank,
doch i kündig, denn Sie vertraun mir net!
Er sagt, dass er des net vosteht,
mein Vertrauen is ja scho fast übertriebn,
i lass sogar meine Safeschlüssel herumliegn.
Übertrieben sagts, daatn Sie do moana?
I hobs probiert, do passt gor koana!

Am Schulhof

Am Schulhof do geht's wieda zua,
bloß hint im Eck steht a kloana Bua,
die Lehrerin hotn scho dablickt,
weil er gor so umanandadrückt.
Seppl, wos is los, wo druckt da Schuah?
Fräulein, des is weil i unbedingt bisln mua!
Geh holt na aufs Klo, und moch a Sause!
Fräulein, i bin doch net bled, jetzt in da Pause!

Der fragende Lehrer

Der Lehrer stellt fünf Fragen,
und a Antwort griagt er nicht!
D'Hausaufgab liegt aa net vor,
er mocht a grantigs G'sicht.
Wos willst du in der Schule?,
so rutschts eahm grimmig raus.
I bin bloß da Elektrika, sagt er
und wechsle die Lampn aus!

Im Unterricht

Der Lehrer in der Schule,
gern zu den Kindern spricht,
der Ochse, der hat Hörner,
der Esel aber nicht.
Do sagt da kloane Maxl,
Herr Lehrer, weh o weh,
i glaub, Sie san a Esel,
weil i koane Hörner seh.

In der Gefängniszelle

Er sitzt in da Zelle drin ganz allein,
für längere Zeit in Stadelheim!
Einmal im Monat, des is net schlecht,
do hot sei Frau ein Besuchsrecht.
Wias mol wieda do is, fragt er scheed,
wias denn dahoam finanziell so geht!
Ohne di, ach des i koa Problem,
weil vo da Belohnung konn i ganz guad lebm!

Verkäuferinnen-Frage

Ein Stotterer steht an der Kasse vor einer bildhübschen Kassiererin. Die fragt ihn, weil der gerade beim Zahlen an der Kasse rumstottert: „He, stottern Sie immer so?"
Sagt dieser: „N-n-n-n-a-naa, b-b-bl-bloß w-we-wenn i i i r-re-redt!"

Die Oma beim Doktor _____

Die Oma war neulich so keck,
und mocht beim Doktor an Gesundheitscheck.
Er untersuacht sie vo obn bis unt,
und denkt se, he de is no gsund.
Mensch is die Frau no beinand,
er find nix, wos er behandeln kannt.
Do sagt er so zum Spass zu ihr,
gnädige Frau ich gratulier,
denn sie griang demnächst a Kind,
weil sie nämlich schwanger sind!
Do ziagt sie schnell ihr Handy raus,
und ruaft den Opa an zuhaus,
I griag a Kind vo dir, so schreit sie eahm o,
do sagt da Opa, wer isn dro?

Komisch, Herr Doktor _____

Da Opa sagt zum Doktor,
i vosteh des net genau,
beim Liebesspiel, mal friert me,
und mal schwitz ich wie die Sau!
Da sagt der Doktor, Opa,
des liegt nicht an der Lust,
doch einmal ist es Januar,
und des andere mal August!

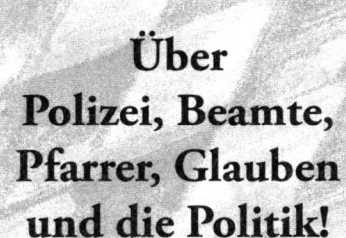

Über
Polizei, Beamte,
Pfarrer, Glauben
und die Politik!

Die Bürgerversammlung

Weil jeda zur Versammlung kemma soll,
drum is des Wirtshaus proppenvoll.
Da Bürgermeister sagt, bei uns duat se wos rührn,
und lasst des Jahr Revue passiern.
Wos er als erstes laut vermeldt,
unsere Gemeinde, die is fei guad aufgstellt!
Finanziell, stehn ma net schlecht do,
und dann fangt er erst richtig o!
Straßen, Kanal und DSL,
alles neu und megaschnell!
An Kindergarten hamma nei baut,
und die Schulerweiterung hot a highaut!
As Sportheim hamma neu saniert,
und des Kulturhaus is a finanziert!
Do sagt a ältere Frau, he, guada Mo,
owa für die Senioren habts überhaupt nix do!
Do sagt er sofort voller Zorn,
des stimmt net, da Friedhof is erweitert worn.

Das Telefonat

Da Lehrling, der hebt ob agrat,
und a böser Mo is am Apparat.
Chef, i glaub des Gespräch is für di,
geh zua, geh zua, geh amol hi.
Du glaubst, du glaubst und woaßt as net,
sog amol Bürscherl bist ebba bled?
I glaub, des is für di, sagt da Lehrling still,
weil er an größten Deppn vom Betrieb sprecha will!

Eine Alkoholkontrolle

Gestern bei der Nachhausefahrt,
traf's mich wieder ziemlich hart.
Die Polizei stand am Straßenrand,
mit einer Kelle in der Hand.
Hielt mich auf, und ließ mich blasen,
am rechten Streifen der Gemeindestraßen.
Ich blies mit voller Lungenkraft,
der Polizist schaute ziemlich baff,
und sagte zu mir, sei Stimm wird stille,
he, des san ja zwei Promille.
Wos hoaßt denn des? Blufft er mi o.
Des hoaßt, dass i scho drei Dog nix mehr gsuffa ho!

Das Inserat

In einem Hochglanzmagazin
steht a interessanter Artikel drin.
Über Tod, Wiedergeburt und vieles mehr,
an Sepp begeistert des schon sehr.
Und drunter do is a Inserat,
des eahm sofort jucka daat.
Denn do preisens ein Gerät o,
mit dem man Kontakt zu Toten aufnehmen ko.
Da Sepp denkt, des is ebbs für mi,
und schick sofort a E-Mail hi!
Er bstellt des Trumm für 300 Euro,
und drei Dog drauf is aa scho do.
Da Postbot schlepp a groß Paket,
drinnen sa wird des Gerät!
Er packt des aus und denkt i spinn,
do is ja bloß a Schaufel drin!

Vertretung

I dua heit nix, so sagt da Mo,
und des is ma net mol unangenehm,
i leg die Haxn hoch im Büro,
weil i muass heit an Chef votretn.

Omas Beichte

Die Oma geht zum Beichten,
und sagt ganz ungeniert,
sehr geehrter Herr Pfarrer,
i hob an junga Mann verführt.
Des glaub i net, des glaub i net,
duat da Pfarrer durchflüstern,
des is zwar scho 60 Johr her,
sagts, doch i beichts allweil wieder gern.

Zeugungsunfähigkeit

Der Lehrer in der Schul erklärt,
wie die Menschheit sich vermehrt.
Und dass beim Vermehren ungeniert,
vieles im Leben vererbt wird.
Haarfarbe, Augen, Muttermal,
Fingernägel, Haarausfall.
Und hat ihr Vater gar kein Kind,
kanns sein, dass Sie auch zeugungsunfähig sind.

Die seltsame Urnenbestattung

Beim Bestattungsunternehmer Schimmer,
wird die Lage allweil schlimmer,
weil d'Leid sterbn in oana Tour,
eigentlich wär des ja Hochkonjunktur,
doch seine Arbeiter wern allweil wenga,
und des gibt eahm sehr zum Denka.
Oana muaß zur Bundeswehr,
da andere kimmt einfach nicht mehr,
da nächste hot se an Haxn brocha,
und oana mächt an Urlaub mocha.
Momentan faahlts hint und vorn,
weil ma derft a Überführung fohrn.
Bei der Beerdigung im Nachbarort,
brauchans an Minibagger sofort,
für morgn muaß ma a Grab ausgrom,
und Sterbebilder aa ausfohrn.
Agrat für die Urnenbstattung so a Graus,
do is niemand mehr do im Haus.
Do hot da Chef a Blitzidee,
i ruaf ins Dorfwirtshaus fire,
da Huaba Fritz sitzt do beim Bier,
der lebt eh bloß vo Hartz 4,
den kanntat i jetz schnell frogn,
weil der kannt doch die Urne trong.
Da Fritz sagt, des is koa Problem,
de Schüssl konn i scho no hebm.
Erleichtert is da Chef fei scho,
und noch zehn Minuten is er do.
Da Chef weist'n a bissl ein,
schaust einfach andächtig drein,
und rennst na dem Pfarrer nache,
weil de Urne is koa schware Sache.

Stellst dann langsam nei ins Loch,
und na rennst wieda dem Pfarrer noch!
Da Chef suacht no an schwarzn Anzug raus,
und schicktn aa zum Leichenhaus.
Da Anzug is a bissl eng,
owa da Fritz hot nix dageng.
Er setzt se glei auf sei Zündapp,
gibt Gas und da Fritz haut ab.
Am Friedhof steigt er vom Mofa owa,
es wart auf eahm da Doutngroba,
und sagt, is dir des scho bekannt,
der kimmt nicht in die Urnenwand,
sondern auf Wunsch vo seim Weih,
kimmt der in die Erdn nei.
Kein Problem, des pack i scho,
und bist schaust san die Trauergäste do.
Da Pfarrer und die Ministranten,
Witwe, Freunde und Verwandten,
A kloane Muse hamms a no,
und s'Abschiednehma geht dann o.
Nach dem Gebet im Leichenhaus,
geht der Trauerzug Richtung Grab hinaus.
Zerscht die Muse, dann die Geistlichkeit,
na Fritz mit Urne und dann d'Leid.
Vorm Grab, diesem stillen Orte,
spricht der Pfarrer seine Worte,
dann nickt er hi zum Fritz soglei,
und moant, lass die Urne ins Grab hinei.
Doch da Fritz hot net kapiert,
dass de bloß mitm Kettchen owelassn wird,
drum hot er se bückt und wills einestelln,
doch die Arm warn z'kurz, konn i vomeldn.
Er hot se hinkniet und wollts mit oana Hand einehebm,
doch der Boden war net ganz ebm,

und weil er no net ganz owe ko,
na bückt er se besser ins Grab hino.
Dann lasst er einfach aus und es scheppert aweng,
Gott sei Dank hot koana einegseng,
ob er wos ausgschütt hot, is net bekannt,
doch a bisserl kratzt er unten umanand.
Alle Leid de schauand scho,
do follt eahm sei Handy no ins Grob,
er wird nervös, is ganz voratzt,
dann is eahm d'Hosn a no platzt.
So kniat er dort und schaut d'Leut o,
d'Ministranten locha scho,
die Gäste schmunzeln, ma hört kein Gewimma,
a die tieftrauernde Witwe flennt scho nimma.
Da Pfarrer rührt se überhaupt net,
da Fritz woaß net, wias weida geht.
Alle schmunzeln und Humor ist Trumpf,
im ansonsten traurigen Beerdigungssumpf.
Da hört man einen Klingelton,
wems Handy ghört, brauchts net lang frogn.
Des Handyläuten san ja d'Leut scho queet,
doch da Defiliermarsch passt grod net.
Do legt er se hi und holts heraus,
endlich is de Muse aus.
Da Fritz steht auf, sternvollerdreck,
geht vom Grab a bissl weg,
alle Trauergäste staunen und lacha,
a so a Leicht könntens öfter macha.
Do fangt sei Handy nomol zum Läutn o,
und wissts wos, da Chef war dro,
wollt wissen, wias eahm so geht,
do sagt da Fritz, frog me liaba net!
Und so kann auch mal drunterei,
a Beerdigung richtig lustig sei!

Geschichte über „Engel des Herrn" auf der Bühne

Bei meiner langjährigen Tätigkeit als Humorist und Gstanzlsänger habe ich ja schon so einiges erlebt. Und immer wieder wird man unvorhergesehenen Situationen ausgesetzt, mit denen man einfach nicht rechnet. Da stehst du auf der Bühne und musst spontan reagieren.

Zum Beispiel ist es mir schon manchmal passiert, dass ich bei einer Freiluftveranstaltung auf dem Marktplatz gerade mitten in meinem Programm bin und plötzlich fangen die Kirchenglocken zum Gebetläuten an.

Als gläubig erzogener Mensch hat man da automatisch ein komisches Gefühl. „Wos mach i jetzt?" Normalerweise betet man ja, was viele sogar schon nicht mehr wissen, in diesem Falle den „Engel des Herrn!" Aber auf der Bühne?

Ich habs immer so gehandhabt, dass ich meinen Gag oder mein Lied noch fertigbringe und dann sage ich zum Publikum: „Wie Sie alle hören, ist nun das Gebetläuten und darum mache ich, solange die Glocken läuten eine kleine Pause! Und ihr dürfts daweil innehalten oder beten!" Sobald die Glocken verstummen, geht's weiter. So mancher hat mir schon bestätigt, dass er das für gut und richtig findet.

Aber einmal stand ich am Passauer Christkindlmarkt, von einem externen Veranstalter war am Samstag ein Tagesprogramm aufgelegt worden und ich sollte von genau 12 Uhr bis 12.15 Uhr das Publikum humorvoll unterhalten.

Ich betrat die Bühne, war gerade bei meinen ersten Gags, da begannen die Glocken vom Passauer Dom in einem wunderbaren Klang zu ertönen!

Kurzum schaute ich zum Veranstalter, ob ich kurz eine Pause machen solle. Dieser verneinte das, weil sonst die Ablaufpläne durcheinander kämen!

Also machte ich weiter, und die Glocken auch: Normalerweise dauert das Gebetläuten 3 Minuten, aber in Passau tönten sie weiter. Im Hinterkopf dachte ich bei jedem Lied, Witz oder Gstanzl, „des muaß doch jetzt bold aufhören!"

Aber nein, es ging weiter. Was ich nicht wusste, es dauert samstagmittags 15 Minuten! Also genau so lange wie ich auftrat. Ich weiß nur noch, dass ich immer dachte, ja worum hört denn des net auf! Das Publikum, etwa 100 Leute werden sich in das Vorzelt verlaufen haben, dachte sicher dasselbe, aber hörte mir doch sehr höflich zu, lachte und applaudierte anerkennend.

Als ich die Bühne verließ, fingen auch die Glocken langsam an zu verstummen. Mir wars egal, ich hab den Auftritt abgespult, war mir aber sicher, dass passiert mir nie mehr!

Wenn die Glocken läuten, halte ich in Zukunft meinen Mund 100-prozentig. Einige Jahre hatte ich das Glück, dass mir das nicht mehr passierte.

Und aus Erfahrung wird man klug und oft fragte ich einfach vorher, wenn ich vermutete es könnte in meiner Auftrittszeit läuten, wann ist bei euch das Gebetsläuten.

Doch einmal war ich in der nördlichen Oberpfalz mit meinem abendfüllenden Programm.

Es waren im Pfarrsaal ca. 120 zahlende Gäste und darunter neben dem Bürgermeister und Gemeinderäten auch der örtliche Herr Pfarrer.

Ich begann pünktlich um 20 Uhr mein Programm, kam hervorragend an, die Leute bogen sich vor Lachen und genau um 20.30 Uhr begannen die Kirchenglocken zu läuten, aber in so einer Lautstärke, wie es mir in einem geschlossenen Raum noch nie aufgefallen ist. Aber kein Wunder, die Kirche stand ja direkt neben dem Pfarrheim, und die Fenster waren gekippt!

Bei der nächsten Gelegenheit unterbrach ich mein Programm und schaute fragend zum Pfarrer: „Herr Pfarrer, jetzt ist Gebetläuten, ich glaube, jetzt unterbreche ich kurz ... jeder kann beten! Oder?", sagte ich lächelnd, „übernehmen Sie kurz mein Programm?"

Der Pfarrer sagte: „Ja, des mach i gerne" und lud zum gemeinsamen Gebet ein.

Das ganze Publikum, viele davon zwar schon etwas älter, doch auch einige Jugendliche waren dabei, betete gemeinsam „den Engel des Herrn!"

Ich setzte mich an den Bühnenrand betete gerne mit und anschließend suchte ich einen humorvollen Übergang in mein Programm, sang zuerst ein nachdenkliches Lied und ließ es dann wieder richtig krachen.

Ich hatte den Eindruck, als ob es mir richtig Kraft geben würde und dem Publikum beim Lachen und Mitmachen auch.

Der Abend bleibt mir immer in Erinnerung.

Und positiv rumgesprochen hat sich das Geschehnis auch.

In der Zeitung war die Schlagzeile. „Der Bäff bringt das Publikum sogar zum Beten!"

Und bei einem Besuch im Landtag traf ich den örtlichen Landtagsabgeordneten, der mir erzählte, dass der Pfarrer dies sogar in einer seiner folgenden Predigten erwähnte. Auch eine andere Pfarrgemeinde rief kurz darauf an, sie möchten mit mir ein abendfüllendes Programm veranstalten.

Immer wieder werde ich darauf angesprochen und ich fühle mich bestätigt, dass man als Christ ruhig zu seinem Glauben, verbunden mit allen Traditionen, stehen und auch leben soll.

Auch wenn so manchem das ein bisschen komisch vorkommt.

Nur zu Ihrer Information: Ich habe das nicht in jedes meiner Programme mit eingebaut. Normalerweise brauchen Sie beim Besuch eines „Bäff"-Auftrittes nicht beten, sondern nur lachen und Ihren Glauben können Sie leben, wie Sie möchten!

Das seltsame Gstanzlsingen in Prien am Chiemsee ───────────

Mitte der 90er und vor allem um die Jahrtausendwende hatte das Gstanzlsingen in Oberbayern einen richtigen Boom. Man hatte den Eindruck, vielen war das gänzlich unbekannt und die Leute kamen in Scharen, sodass die Festzelte meist brechend voll waren.

Vor allem im Chiemgau fanden viele Vereinsfeste statt, bei denen zum Festausklang ein Gstanzlsingen mit Kesselfleischessen organisiert wurde. Eine bodenständige Blaskapelle unterhielt die Gäste und begleitete uns bei den Gstanzln zu den verschiedensten Melodien.

Meist wurden zwei, manchmal auch drei Gstanzlsänger engagiert, um die Gäste zu unterhalten und zu derblecken.

Im Jahr 2000 waren mein Freund Hubert Mittermeier, genannt Erdäpfekraut, und ich in Prien am Chiemsee bei einem Vereinsfest engagiert.

Wir trafen uns an einem Autobahnparkplatz und steuerten den Chiemsee an. Als wir vorm Festzelt parkten, hörten wir schon die schneidige Blaskapelle aufspielen. So gingen wir, den Kopf voller Gstanzlideen, ins bereits halbvolle Festzelt. Viele Leute kannten uns ja schon und so quatschten wir uns langsam Richtung Bühne. Der Veranstalter empfing uns herzlich und die Gäste wurden immer mehr.

Was uns erst auf den zweiten Blick auffiel, die Kapelle spielte ohne Verstärker, aber kam ganz gut durch das etwa 800 Mann fassende Zelt.

Kurz bevor es ernst wurde, tauchte die Frage auf, wo denn die Mikrophone sind. Da versteinerten sich einige Gesichter und wir bekamen zur Antwort: „Ja Mikrophone hamma mir net, weil do is ja keine Anlage do!"

Wir sind ganz erschrocken, und meinten: „Ja, und wia solln mir do singa? Do hört uns ja kein Mensch. So a Festzelt konnst nie daschreia!"

Logisch, denn die Masskrüge schepperten, draußen die Musik vom Schausteller und dass im Festzelt nicht alle staad sind, weiß jeder, der schon mal in einem saß!

Man rätselte, wo kriang ma jetzt auf die Schnelle eine Mikrophonanlage her? Da hatte einer die Idee, Mensch, da Mesner is auch do, den frogn ma, ob er uns die Friedhofsanlage leiht!

Der Mesner war aufgeschlossen, eilte los und holte das rettende Stück.

Nun war das eine Anlage, so, wie wir alle sie schon gesehen hatten. An einer langen Stange waren oben zwei Megaphonlautsprecher, einer nach links, der andere nach rechts und für uns gabs ein Funkmikrophon mit ca. 1 Meter Antennenkabel. Ein junger Bursch vom Verein setzte sich mitten ins Zelt und hielt die Lautsprecher und wir legten, begleitet von der Blaskapelle, los.

Themen hatten wir ja nun genug, und da mein Freund Hubert in seinem Heimatort auch Totengräber ist, hatten wir einen roten Faden durch den ganzen Abend.

Die Gäste haben sich amüsiert und lachten sich in einen wahren Rausch.

Nach einem holprigen Start war dieses Gstanzlsingen in Prien am Chiemsee eines der schönsten und bleibt allen Beteiligten in bester Erinnerung.

A bissl
Viechereien, Tierisches
und Themen aller Art!

Das Hundetattoo

Dem Huaba Hias sei Schäferhund,
der war scho länger nimma gsund!
Und irgendwann wars holt soweit,
der Hund is in da Ewigkeit!
14 Jahr is da Roxy worn,
und da Hias, der hot sei Herz volorn!
Doch damit die Liebe bewiesen wird,
hot er sich den Roxy auf d'Schulter tätowiert!
Jetzt hot er rechts an Hund am Arm,
und links d'Katz Resi, de is vor drei Jahr gstorm!
Auf da Brust do trohnt ein Papagei,
ghoaßn hot der Loreley!
Am Rücken hintn flaniert da Boy,
des war a Fisch, ein wertvoller Koi!
Doch wenns mit dem Hias so weidageht,
fürcht ich, werd die Sach no blöd,
denn irgendwann is da ganze Körper voll,
weil er hot no 1000 Hühner im Stoll!

Du Ferkel

Da Maxl war den ganzen Tag,
beim Häusl bauen im Fichtenschlag.
Stern voll Dreck zur Dämmerung,
kimmt er endlich in die Stubm.
D'Mama schimpft eahm sofort aus,
und sagt, so kimmst ma net ins Haus.
Du bist a Ferkel, sagts mit Gschieß,
du woast doch, wos a Ferkel is!
Freile, sagt da Maxl, des woaß i ganz genau,
des is a Kind vo ana Sau!

Die zwei Grenzgänger

Da Huaba Sepp und da Meier Lenz,
wohnen nah der österreichischen Grenz.
Sie kennan viel und san bekannt,
erntaholb im Nachbarland.
Und so hamms Freunde kennaglernt,
die eahna in Österreich ernt,
a au billig vokaffa und obstecha,
dahoam miassatns s'Doppelte blecha!
Und es is no net lang her,
do san de Zwoa mit Pack und Gscher,
ume über die nahe Grenz,
fahrn muaß desmol da Meier Lenz.
Nach dem Obstecha is zümpftig gwen,
Kesselfleisch, Blut-, und Leberwürscht hots gem,
Bier und Schnaps lauter so Zeich,
hamms gsuffa ernt in Österreich.
Da Lenz net viel, hot bloß an Stich,
doch am Sepp, dem geht es fürchterlich.
Auf Deutsch gsagt, oanaholb mol blau,
hamms zwoa Sauhälften noch da Fleischbeschau,
in Kofferraum hint eineglegt,
und mit ana Deck zuadeckt.
Nach einiger griabigen gmüatlichen Zeit,
warn de Zwoa endlich so weit,
und wolln schee staad heimwärts fohrn.
Doch an Sepp is ganz anders worn,
er sagt, Lenz i fühl me krank,
i leg me liaba auf d'Rückbank.
Kaum liegt er, fangt ers Schnarcha o,
da Lenz denk, is egal i fohr.
Gitte-gatte da Heimat zua,
Gott sei Dank gibt der hint a Ruah!

Agrat heut ebbas, wos no niemals war,
stehnad an da Grenz die Zöllner da!
Des is ebbas, wos an Lenzn gor net gfollt,
wia er seght, dass oana a Kelln rausholt!
Da Zöllner duat die Augen rolln,
und fragt host ebbas zu verzolln?
Bloß de Sau de hint liegt,
und wia da Zöllner den Sepp erblickt,
sagt er: „A Scherzkeks bist fei scho a gscheida,
passt scho, geh zua, hau ab, fohr weida!"

Der scharfe Stier

Jeden ersten Freitag sitzns beinand,
die Mitglieder vom Bauernverband.
Fachgespräche über die Landwirtschaft,
führen sie die halbe Nacht.
Beim letztn Stammtisch wars aso,
sagt da Kare, dass sei Stier nimma gscheid ko.
Die Wocha drauf erzählt er dann,
dass da Stier jetzt wieder kann,
weil da Tierarzt vo da Stod,
eahm gelbe Tablettn voschriebm hot!
Begeistert duat da Xare glei frong,
konnst ma do den Namen voron?
Den woaß i jetzt net, sagt da Kare bestimmt,
owa sie schmecka aweng noch Zimt!

Im Massagesalon

Es is ganz staad im Massagesalon,
auf oamol plärrt da Onkel Don,
wos, de Kinnmassage kost 50 Euro?
25 steht doch im Schaufenster dro!
Do drauf sagt dann die Masseurin,
scho, owa Sie ham ja a Doppelkinn.

Neugierig

Host as ghört, woaßt as scho,
aso geht oft as Ratschn o.
Es ratscht as Weih, es ratscht da Mo,
es gibt wos Neis, woaßt as scho?
Und alles suacht noch Sensationen,
auch Radio und Fernsehstationen,
und a die Leute von Presse und Print,
suachan imma, dass se wos Neues findt.
Es wird a Schwiegermutter bei der Zeitung engagiert,
weil de am Mittwoch scho woaß, wos am Freidog passiert!

Almspaziergang

Ein Ehepaar macht einen Wanderurlaub in den Bergen. Bei einer
Wanderung Richtung Huberalm kommen sie an einer Kuhweide
vorbei und sehn, wie gerade der Stier eine Kuh besteigt!
Sagt sie mit schmachtendem Blick zu ihm: „Ich wollt, ich wär eine
Kuh!"
Sagt er zu ihr: „Und ich wollt, du wärst koane!"

Verkehrt

Es war der Maurermeister,
namens Fridolin,
der sagt zu seinen Maurern,
mia moch ma an Kamin!
Bei 50 Meter Höhe,
do draht er den Plan um,
i glaub mia ham a Scheiße baut,
des werad ja a Brunn!

Die Sinneslehre

In einer Schul in Rengschburch,
nehmens die Sinneslehre durch.
Die Lehrerin fragt immerzu,
Maxl, wos für Sinne kennst denn du?
Da Maxl stellt se dann vorn hin,
Fräulein, i kenn bloß den Blödsinn!

Der Metzger vor Gericht

Mit seinem schweinskopfrundem Gsicht,
steht da Metzger vorm Gericht.
Da Richter sagt, aa wenns da net passt,
i schick de jetzat in den Knast.
8 Monate sperr i di ei,
oder derfs a bissl mehra sei?

Der Manndecker

Da Trainer sagt zum Maier Hans,
du spielst gegan Müller Franz!
Gega den Bolzer soll i antretn?
A Holzhacker is doch a Dreck dageng!
Der spielt wia a Blinder ohne Augn,
und sei Maul is allweil voller Schaum,
der haut doch alles um, des wos se am Platz rührt.
Drum, sagt da Trainer, glaub i, dass dir dann nix passiert!

Die Christbaumsuche

Die Susi und die Jacquelin,
de san scho immer ein super Team.
Beide blond und wunderschön,
die müssen in den Wald rausgehn!
Da Chef sagt, sie solln an Christbaum holn,
es wird eahm dann scho oana gfolln.
Sie rennand zwoa Stund kreiz und quer,
im ganzen Wald drin hin und her.
Allas sans obgrennt und schwitzen wia bled,
doch den passenden Christbaum findens net!
Do machens denast oamol Rast,
und schimpfen, weil holt koana passt.
Do sagt die Susi, mei wenns koan gibt,
na nehma holt oan ohne Kugeln mit!

Das falsche Geschenk

Da Sohnemann vom Millionär,
der mächt allweil a wengal mehr!
Jetzt is er zwanzig und vozong,
er mächt vom Christkindl wos Bsonders hom.
An Jaguar sagt er, mit 12 Zylinder,
war für mi des alla gsünda!
Am Heiligen Abend zur Bescherung,
druckt er dann a bissl rum,
denn da Vater hot des falsch vostandn,
koa Auto is in da Garage drin gstandn.
Sondern a Raubtier is im Garten grennt,
und an da Garderobe san 12 Zylinder ghängt.

Die Taxifahrt

Gestern im Wirtshaus wars so schee,
i wollt glei gor nimma hoam geh,
de Sauferei, de war so schlimm,
dass i mit dem Taxi hoamgfahrn bin.
Und wenn se mei Alkoholpegel heut owedruckt,
dann bring i des Taxi wieda zruck!

Komische Frage, blöde Antwort

He Sepp, i hob ghört dei Nachbar is krank, wia geht's eahm denn?
Sepp: „I glaub, dem geht's scho wieda a wengl besser, weil der wird
jetzt net am Freitag, sondern erst am Montag eigrom!"

Die Karriereleiter

So mancher möchte sie gern erklimma,
und auch im Bad der Menge schwimma!
Doch während der Oane Schritt für Schritt,
die Leiter langsam aufetritt,
gibt's welche, do wird net langsam gstiegn,
de mochan einfach größere Sprüng!

Und wieder andere unverdrossen,
wern vo null auf hundert aufigschossen!
Doch grod diese san oben selbstbewusst,
und leiden bald unter Realitätsverlust!
Sie moanan grod no, sie san toll,
gibt nur no Sex, Drugs, Rock'n-Roll!

Doch wer schnell aufekimmt, es is eine Qual,
oft kommt ein schneller, tiefer Fall!
Wenns langsamer steigst, des is oft besser,
ohne Ellbogen und gewetzte Messer,
wer woaß, wias langsam aufigeht,
der hält wos aus, wenn mol a Gegnwind weht!

Bloß bei mir is anders, habts des scho gspannt,
i steh seit 30 Johr scho heruntn umanand!

Die Rauferei

An so manchem Feierdog,
kocht d'Oma, wos jeder mog,
ihren spitzen Schweinebrodn,
und de ganze Familie wird eiglodn.
Da ganze Tisch is voller Leid,
und essen daans mit großer Freid,
nach dem Dessert sitzt ma no zam,
weils dahoam heit eh nix vor ham.
Ma plaudert über allahand,
zümpftig wird's, ma hots scho gspannt,
bei übergroßer Heiterkeit,
kimmt ma in die Vergangenheit.
Ma schaut de oltn Bildl o,
sagt oft, mei woaßt du des no,
und schwärmt bei Bier mit großer Freid,
von der schönen Kinderzeit.
Da Opa erzählt von vor so 30 Jahr,
wia er no aa bissl jünger war,
dass da Nikolaus s'erstmol kema is,
und vor Rausch glei higfolln is,
oder dass da Osterhos,
mol Plätzln eineglegt hot ins Gros.
Um so manches Weggeworfene is schood,
und dass er viel zu weng Zeit ghot hot.
Auch die Kinder damals jugendlich,
nun erwachsen trauten sich,
erzählen, wos no allas wissen,
und wos für Stückeln sie ham grissn.
Dass de Henna mol a Bier gem ham,
hauten absichtlich d'Fensterscheima zamm.
Hamm d'Kircha gschwanzt und Frösch prellt,
und de oltn Weiba an Odl vor d'Tür hingstellt.

Machten mol s'Aquarium hoaß,
erzähln vo Räusch, wo daa Voda heit no nix woaß.
Da Junior sagt, ja wias so lafft,
oamol hob i sogor grafft.
Da Linkl Schorsch vo da Stodt,
war Oana, der allweil gstänkert hot.
Der hot me mol aso aufgregt,
und dann hob en niedergstreckt.
Grafft hamma und am Boden gwelzt,
dem ghörat heit no Oane belzt.
Do sagt da Opa mit zittriger Stimm,
du des is fei gor net schlimm,
weil i hob aa oamol grafft im Lebm,
und i sog enk aa mit wem.
Dem größten Deppen auf Erden doda,
und des war genau dem sei Voda!

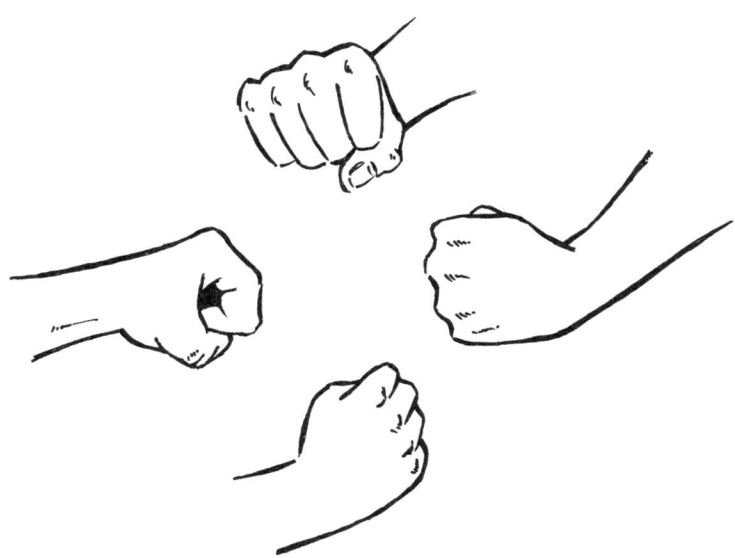

Jeda braucht a kloane Freid im Leben! ───

Mancher sagt a Hobby,
da ander Spinnerei,
da Nächste sagt, der hot an Spleen,
oder a Träumerei!

Doch jeda braucht a Freid,
a kloane Freid im Leben,
wer mit nix a Freid hod,
dem geht wos ob im Leben!

Oana geht zum Flohmarkt,
da ander gern ins Holz,
da nächste zäunt a Kerbl,
oder is auf sein Garten stolz.

Mancha duat gern rasenmähn,
oder musiziern,
da nächste treibt sein Sport,
oder duat Mofas auffrisiern!

Manche duat gern stricka,
oder bet an Rosenkranz,
de nächste duat gern walken,
oder geht recht gern zum Tanz.

Oane mag die Blumen,
oder duat ganz gern dichtn,
manche duat gern ratschn,
und d'Leid ausrichtn!

Oana sammelt Bierfilzl,
oder duat gern Schafkopfspieln,
da ander geht in d'Schwammerl,
oder duat gern Witz vozühln!

Ob Kochen, Joggen, Wandern,
oder Vogelhäusl baun,
Rosenhecken schneiden,
oder einfach die Natur anschaun!

Wenn ma mit wos a Freid hod,
dann is des wos scheens,
und wer mit nix a Freid hod,
des is a arma Mensch!

Der Zigaretten Lieferservice

Ganz alloa im Ausnahmhaus,
wohnt da olte Huaba Klaus.
Witwer is er seit a poor Johr,
a d'Kinda wohnand nimma do!
Einigermaßen is er no beinand,
duat holt allas mit zittriger Hand,
sein Haushalt mocht er ohne Frau,
mei wos soll er denn sunst dau.
Zum Eikaffa kimmt er ganz seltn,
weil er koan Führerschein hot, der olte Zeltn.
Owa sei Tochter Birgit bsuachtn eh jede Woch,
do bringts eahm mit, wos er braucht und moch.
Und wenn eahm wirkla ebbas ausgeht,
dann greift er zum Telefonhörer scheed,
und ruaft einfach sei Birgit o,
und de bringt eahm des dann scho.
Bloß ab und zu gibt's des Problem,
dass eahm agrat Zigaretten ausgehn.
Süchtig ruaft er in den Nachbarort,
zur Tochter und sagt i brauch sofort,
Zigaretten zwoa Schachteln bringst ma glei,
und hängt den Hörer wieda ei!
A Zeitlang is des recht guad gloffa,
dann hot die Birgit der Ärger troffa,
sie grantlt, des is doch allahand,
i fohr bloß wega deine Zigarettn umanand.
In Zukunft wird des anders laffa,
Zigaretten werd i dir bloß no kaffa,
wennst aa wos anders brauchst nebenbei,
da Zigarettenextralieferservice is vorbei!

Aber nach etwas längerer Zeit,
is dann wieda mol soweit,
er ruaft o und sagt ganz staad,
dass er a Büchsn Brathering braucha daat,
und wennst scho fohrst, liebe Birgit,
na bringst ma Zigaretten a glei mit!

Jeda bscheisst an jeden! ─────────────

Jeder is doch vo hint bis vorn,
irgendwann scho amol bschissn worn!
In unserer heutigen Zeit,
daan des doch fast alle Leid!
Oana bscheisst beim Kartenspieln,
da andere beim Gschichtn vozühln,
da nächste bscheisst mit seinem Gewicht,
oder beim „Mensch-ärgere-Dich-nicht",
und s'Finanzamt, Leid, ihr werds es wissen,
wird doch am allermeisten bschissen!
Jeda bscheisst jeden,
bscheissn daans wia de bledn.
Es is bloß oa Bscheisserei,
und a mei Freind is scho dabei!
Mei Freind sagt mir neulich pfeilgrod,
dass er die Bahn bschissen hot.
Er hot se a Fahrkarten kafft,
und das des amol anders lafft,
is er vo München nach Paderborn,
dann einfach goar net mitgfohrn!

Mei Nachbar hot wos ganz wos anders gmocht,
der hot des tatsächlich fertig brocht,
dass er neulich in da Stod,
ein leichtes Mädchen bschissn hot!
Er hots bezahlt draust am Stadtrand,
und dann hot ers goar net oglangt!

Und i bscheiss jetzt a, des sog i ungeniert,
heut bscheiss i amol den Wirt.
Weils einfach net anders geht,
i zohl a Bier und dann sauf es net!

Tierisch aber wahr! ─────────────

Da Raabe sitzt am Baam drom,
stinkfaul auf seinem Ast,
den ganzen Tag duat er gor nix,
mocht Pause bloß und Rast.
Da Hase herunt, der schaut dem Raab,
beim Nixdau zua a Zeit,
dann fragt er gschamig nauf zu ihm,
so bei Gelegenheit.
Du Raabe, he du host as schee,
brauchst den ganzen Tag nix dau,
derf i des a, so fragt er ihn,
des war für mi a Schau!
Freilich worum denn net,
des sagt er obm dahi,
fluggs so mochts da Hase auch,
und legt se zum Baum hi.
Da Raabe sitzt obm,
da Hase liegt unt,
und daan gar nix,
so siebm, acht Stund.
Do kimmt a Fuchs
und seght de zwe,
er bleibt erstaunt,
vorm Hasen steh,
reißt s'Maul auf,
so weit er kann,
und frißt den Hasen auf oan sitz zamm!

Und die Moral von der Geschicht,
de sog i enk jetzt a,
wennst an ganzen Tag nix dau willst,
derftast hoch droben saa!

Fliegender Gockel! _____

Des schönste Platzerl auf der Welt,
is fürn Emil des Bierzelt.
Er wart scho allweil voller Freid,
auf die nächste Festlichkeit.
Am Gäuboden- oder Oktoberfest,
ghört da Emil zu de Gäst.
Auf dem Gründungsfest der Trachtler,
Schützen, Sportler, Feuerwehr,
überall lässt er sich seghn,
und tut sich gern die Kante gebm.
D'Blasmusik des is des sei,
net de englische Plärrerei.
Und umanandahupfa auf de Bänk,
hot ma den Emil no nie gseng.
Er sitzt am Tisch, beobacht d'Leid,
und genießt de bayerische Gemütlichkeit.
Weil vis-à-vis eh bloß a Pärchen schmust,
griagt er auf an Gockl Lust.
Er denkt se, zu da dritten Mass Bier,
bstell i mir an Hennastier.
Kellnerin, wenns da ausgeht,
a Gockal war jetzat net bled.
Kimmt sofort, sagt sie gestresst,
während er scho wieda an Schluck owepresst.
Kurz drauf segt er sie scho kema,
und den langa Gang schnell fira renna.
Kurz bevor sie vor eahm is gwen,
hots an Heiglstecka übersehn,
stolpert drüber dafangt se grod no,
doch da Gockl fangt zum Rutschn o.
Er rutscht über den Tellerrand,
den Teller hots no in da Hand,

da Gockel fliagt drei Meter weit,
rundumadum über de Leid.
Zwischn an Weih und an Mo,
setzt es dann zur Landung o,
unterm Tisch am Bierzeltbodn,
is er dann so owegflong!
Da Emil ganz perplex schaut Kellnerin o,
i hob net gwisst, dass a brodner Gockl no fluing ko!

Wirtshaussterben

Mia gibt des fei scho lang zum Denga,
d'Wirtshäuser wern allweil wenga,
und sperrt irgendwo wieda a Wirtshaus zua,
stirbt a Stückl vo unserer Kultur!
Guad, so manches Wirtshaus des muaß sterben,
de hamm holt einfach keinen Erben,
doch meistens gibts an andern Grund,
drum san d'Wirtshäuser am Hund,
und drehn für immer den Haustürschlüssel um,
denn zu blöd is er des Drumherum!

Beim Kanter Wirt, ja do sagt sie,
i sitz me nimma de ganze Nacht für zwe Bsuffane hi!

Worum da Hirschwirt zuagsperrt hot,
er sagt, des liegt am Rauchverbot!

Des End vom Postwirt kon ma no vostehn,
weil er is selbst sei bester Kunde gwen!

Beim Ochsnwirt is no fast schlechter,
er hot koa Lust mehr und find koan Pächter!

Da Wirt zum Räuber Kneissl,
sagt, de sitzn eh alle im Feuerwehrhäusl!

Da Huberwirt hot s'Finanzamt bschissn,
und die Nachzahlungen haben ihn dann zrissn!

Da Meierwirt hätt renovieren solln,
und kon die Brandschutzauflagen einfach net zohln!

Da Schesnwirt hot an seinen Neffen übergem,
die Sanitär- und Abluftauflagen warn sechstellig gwen!

Die goldene Gans inseriert fast jede Woch,
und find koa Bedienung und koan Koch!

Doch des Oane frog i mi,
wo geh ma mir in Zukunft hi,
auf der Suche nach schönen Stammtischnächtn,
oder wenn ma ebbas feiern mächtn?

I glaub, da Stammtisch is dann in irgend einem Kellerraum.
An Schofkopf gibt's nur noch im Traum!
Geburtstag feiert ma beim McDonalds drin,
Kommunionfeier beim Burger King,
die Silberhochzeit beim Italiener,
in da Weihnachtsfeier gibts an Döner,
und is in der Verwandtschaft dann mol ebbat gstoam,
den Leichtrunk holt ma dann dahoam!

Drum, de wo no a Wirtshaus ham,
de san einfach no glücklich dran.
Holts des Wirtepaar in Ehrn,
und daats oft zu dene einekehrn,
und wenns aa a bissl ebbas kost,
sagts: „Danke" und trinkts auf Wirtsleut
manchmal: „Prost!"

Lobgedicht für einen Jubilar! ——————

Lieber Jubilar, du netter Mann,
endlich komm ich nun auch dran,
und darf Lobeshymnen ausposaunen,
liebe Leut, da werdets staunen.

Was ich nun berichten darf,
da werden nicht nur Weiber scharf.
Jubilar, du gern Freibier trinkender,
und oft nach Tosca stinkender,
gern Mädchen nachschauender,
und Fingernägelkauender,
du gern philosophierender,
und alles ausprobierender,
hochbegabter toller Hengst,
bist besser als du selber denkst.

Du bist der, den ma oft braucht,
weil eahm einfach nixe schlaucht.
Bevor die anderen fanga o,
hast as du scho lange do.
Bist hilfsbereit und voll aktiv,
wo du hinlangst, geht nix schief.
So mancher hot zwoa linke Händ,
drum is ma froh wenn ma di kennt.
Nein zu sogn, gibts bei dir net,
er auch mitten in der Nacht aufsteht!

Wenn gebraucht wird das Allroundgenie,
er kimmt, hilft und glangt glei hi.
Wir schätzen und wir lieben dich,
ohne dich wärs fürchterlich.

Danke sogn heit alle gern,
100 Jahre sollst alt wern.
Alle samma gern heit hier,
und feiern dieses Fest mit dir.
Weil dich einfach jeder mag,
heut an deinem Jubelgeburtstag,
und nun trinken wir auf dich „Prost",
weil des Ganze heut nix kost.

Spassgedicht über einen Jubilar ⸻

Lieber Jubilar, du Juwel der Heiterkeit,
endlich ist es nun soweit,
ich werde es nun hier wagen,
und beginne hier was vorzutragen.

Deine Laster und Gepflogenheiten,
werde ich öffentlich verbreiten,
denn du machst, wie jeder weiß,
haufenweise großen Scheiß.
Bei der Arbeit, da pressierts dir nie,
gehst nur, wenns Freibier gibt wo hi,
bist frech zu denen, die dirs gut meinen,
und zum Feste heut erscheinen.
Reißt Witze oft über Personen,
ohne jemanden zu schonen.

Bist ein alter Schwerenöter,
und frech wie mancher Straßenköter,
den Himmel wirst du kaum erklimmen,
denn du erzählst Sachen, die nicht stimmen.
Doch dieses ist jetzt flux vobei,
denn heut tauche ich dich nei.
Vielleicht vergeht dir dann die Lust,
und du dich endlich ändern tust.

D'Figur konnst mit an Feld vogleicha,
langsam bist wia a alter Eicher,
stinka wia a Kläranlag,
und ekelhaft wia a Mückenplag.
Neben dir, do is a Graus,
schaut da Quasimodo wia a Model aus!

Die Retourkutsche hots jetzt braucht,
auch wenn da Jubilar jetzt faucht,
es war alles schön gereimt,
doch ehrlich gsagt, nicht so gemeint.
Du bist und bleibst doch sehr beliebt,
wir sagen, schön, dass es dich gibt.
Und was ich da grad vorgetragen,
da muss ich nun schnell noch sagen,
war bloß Spass, Lüge und Rumgeschrei.
Du bist, so haben wir heut festgestellt,
der beste Freund auf dieser Welt!

Glückwünsche aus aller Welt ——————

Liebe Gäste, Freunde und Bekannten,
Pauschalis, Touristen und Passanten,
i bin nervös, hob Lampenfieber,
innerlich ganz überdüber,
bin aufgekratzt und aufgekrieselt,
i hätt bold scho in d'Hosn bieselt.
Hoffendlich hörn d'Leid her,
denn i hob die Riesenehr,
zu unterhalten enk und s'Geburtstagskind,
und i glaub er hots verdient!
Dieser Mann ist gut gestellt,
drum bring i auch Glückwünsche aus aller Welt.

Denn im Auftrag von der ganzen Welt,
hob i mi do jetzt fieragstellt,
und hob do drüber nochsinniert,
wer dir heit aller gratuliert.
Von allen Ländern auf da Erd,
hob i heit a Glückwünsche ghert.
Österreich, Deutschland und der Freistaat Bayern,
song zu dir, du sollst gscheit feiern.

Natürlich auch der Papst in Rom,
und der Herr im Himmel drom,
alle Schwestern, jeda Pfarrer,
unsere deutschen Formel-1-Rennfahrer.
Moderatoren und da Günther Jauch,
da Nikolaus mit seim trumm Bauch,
Seehofer, Stoiber und da Theo Waigl,
und da Rest vo dem ganzn Politiker Zeigl.

Da Mauerer mit seim Kübl Mörtl,
a schwarzes Schaf und a weißes Pferdl.
Jeda Gockel, jede Henna,
und unsa Topmodel, de Allascheena.
Da Lagerist drom auf da Rampn,
da Bulle von Tölz mit seina Wampn.

Da Schlagersänger Guildo Horn,
und da Prinz Charles mit seine trümma Ohrn,
die Nationalmannschaft und ihr Sommermärchen,
Meister Propper, Clementine und das Hustinettenbärchen,
Madonna und da verstorbene Meikl Tschäxn,
da Harry Potter und die wilden Häxn.

Ja wennst grod kennst,
und an wennst grod denkst,
alle wünschen dir do heit,
a langs Leben und viel Gsundheit,
sie wünschen dir des Allerbeste,
heit zu deim Geburtstagsfeste.

Und jetzt nimmt jeda sei Glas in d'Hand,
dann trink ma Prost mitanand,
und wenn i wos griagat, war a koa Schand!

Ich hör nun auf mit meinem Gedicht,
denn mehr weis ich leider nicht.
Ich wünsch viel Gesundheit und a langes Lebm,
wenn Oana mehr wünscht, soll er dirs glei gebm.
I bin am Ende mit meinem Reim,
Jubilar aso wiast bist, aso sollst bleim!

„Triangel Humor!"
Ein
Gedicht,
Witz und
Gstanzl
mit derselben Pointe

15-mal Liebe

Der Mann kommt mit einem langen Gesicht vom Doktor und sagt zu seiner Frau: „Du, da Doktor hot gsagt, dass mit mir bald dahi geht. Und ich muass allas einschränken und vor allem bei der Liebe. I derf in meim Lebm bloß no 15-mal Liebe macha, dann bin i hi!"

Sagt sie: „Ja um Gottes willen, des is ja tragisch! Da miass ma ja a Listn macha!"

Sagt er: „Ja, a solchane hob i scho gmacht, owa du stehst net draf!"

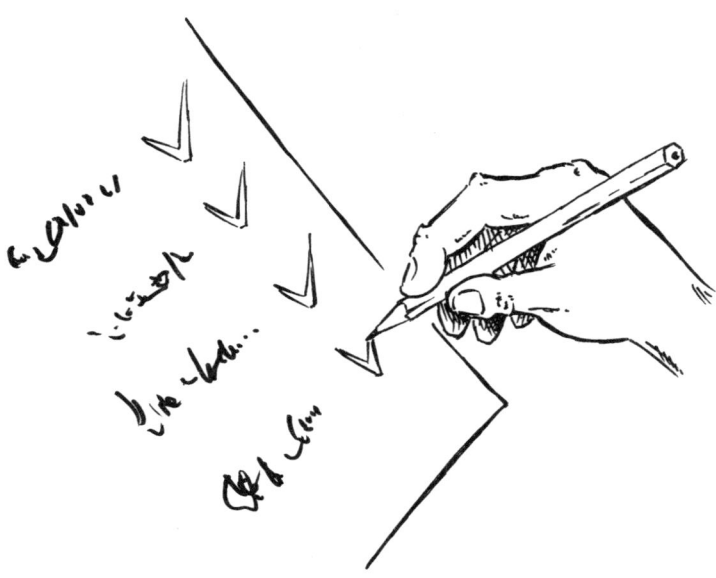

Der Arztbesuch

Die Res sagt neulich dahoam ganz keck,
Sepp, du brauchst wieda an Gesundheitscheck.
Dei AOK-Kartn host scho im Geldbeutl drin,
am Montag um zehne host an Termin!
Mit Widerwillen registriert er des,
und denkt, sie hot ja recht mei Res!
Drum ohne Widerspruchsversuch,
mocht er am Montag den Arztbesuch.
Der durchsucht mit ganzer Härte,
äußere und innere Werte!
Do sagt der Doktor ohne Humor,
alles O.K., owa mit deinem Liebesleben wirds bold gor.
I bin ehrlich und sog das glei,
no fünzehnmal, dann is vorbei!
Momentan mocht er a ganz blöds Gschau,
und erzählts dahom glei seiner Frau.
Sie erschrickt und ihr vogeht glei s'Locha,
um Gotteswillen, do miass ma ja a Listn mocha.
Er schaut ganz still und sagt ganz brav,
des hob i scho, du stehst net draf!

8 Zeiler Gstanzl

Ein Mann, der geht zum Doktor,
und der tut ihn belehrn,
noch fünfzehn mal Liebe machen,
und dann müssens sterm!
Mensch, do brauch ma ja a Liste,
sagt seine Frau ganz brav,
sagt er, de hob i eh scho gschriem,
doch du stehst net draf!

Scheidungswitz

Da Kare und da Oskar sitzen am Stammtisch. Jeder hat schon a paar Halbe, do sagt der Kare: „Du Oskar, i glaub i lass me scheidn! Woaßt, mei Olte de redt jetzt scho seit sechs Wochen kein Wort mehr mit mir!"

„Oskar, he du spinnst doch a weng, a sechane findst nimma!"

I lass me scheidn!

Wia s'Leiden Christi hängt er do,
dass ebbs net stimmt, des kennt ma scho.
Wos is denn los, worum schaust so zwida,
schütts Herz aus, Kare wos reißt de nieda?
Ah, i kon einfach gor nimma locha,
mei Frau, de bockt jetzt scho seit sechs Wocha.
Stell da vor, des sog i dir,
seit sechs Wocha redt de kein Wort mehr mit mir!
Stumm und sprachlos, des kon i net daleidn,
kein Wort sogn, i lass me scheidn!
Ja, du bist doch da Alladümma,
glaub mas, a sechane findst du nimma!

8 Zeiler Gstanzl

Da Kare sitzt am Stammtisch,
er konns nimma daleidn,
sei Frau bockt scho sechs Wocha,
er sagt, er lasst se scheidn!
Wenn d'Frau nix zu dir sagt,
des is nicht des Schlimma,
sagt sei Freind, glaub mas,
a sechane findst nimma!

Schönes Wochenende

Die Ehefrau schaut ihren Mann am Freitagnachmittag ganz schmachtend an und sagt: „Du Schatz, mia könnt ma uns doch amol a schönes Wochenende macha!"
Sagt er spontan drauf: „O.K., dann sehng ma uns am Montog wieda!"

Mach ma uns a schönes Wochenende

Die Zeit vergeht, ma möchts net glaum,
seit über 30 Johr sans unter der Haum.
Und mei, wos soll ma do scho sogn,
es wird holt alls a bissl monoton.
Er redt net viel und sie sagt weng,
und recht viel mehr duats schon net gem.
Drum möcht sie die Ehe a weng aufpeppen,
und sagt am Freitognachmittag zu ihrem Seppen,
Sepp, mia arbeiten doch die ganze Wocha,
mia könntn uns doch a schönes Wochenende mocha!
Do sagt der Sepp, des is net zwida,
guad, na sehng ma uns am Montog wieda!

8 Zeiler Gstanzl

Da Sepp und seine Heidi,
de san a Ehepaar,
sie san jetzt scho verheirat,
seit über 30 Jahr!
Moch ma uns a schönes Wochenend,
des war ihre Frog,
do hob i nix dageng, moant er,
dann sehng wir uns wieda am Montog.

In der Diele

Die Rosl liegt im Ehebett und hört, wie ihr lieber Mann, der Sepp, wieder mal spät nachts vom Wirtshaus heimkommt. Sie hört, wie der Schlüsselbund auf die Kommode fliegt und plötzlich duats einen so lauten Schepperer, dass sie im Bett erschrickt und zitternd im Halbschlaf aufspringt!

Kurz drauf kommt ihr Mann wackelnd ins Schlafzimmer und zieht sich langsam aus! Sie fragt ihn: „He Sepp, wos hot denn do jetzt am Gang aso gscheppert?"

Er sagt genüsslich: „Des warn meine Schua, de san umgfolln!"

Drauf fragt sie: „Geh, so laut scheppern doch de Schua net!"

Er lallend: „Scho, weil i war ja no drin!"

Das Scheppern im Flur

Weil se dahoam ja eh nix rührt,
war da Sepp wieder beim Wirt.
Und wia er dann spät nachts hoamgeht,
und endlich im Hausgang drin steht,
do fangts ganz laut zum Scheppern o,
dass sie glei nimma schloffa ko!
Sie springt in d'Höh', sagt ungeniert,
Sepp, wos is denn jetz passiert?
Ach, sagt er, es hot bloß d'Schua umghaut,
do drauf sagt sie ziemlich laut,
sog mol bist jetzt total deppert,
willst sogn, dass as Schua umhaun aso scheppert?
Freile, des scheppert scho so schlimm,
weil i ja no drin gwen bin!

78

8 Zeiler Gstanzl

Da Mo kimmt hoam vom Wirtshaus,
dann schepperts laut im Flur.
Dann geht er ins Bett rauf,
und sagt zu ihr dann nur,
es san bloß d'Stiefl umgfolln,
und des war net schlimm,
es is bloß des Problem gwen,
weil i war no drin!

Natürlich
dürfen einige
Witze nicht fehlen!

Die Rechenaufgabe

Ein Bayer fragt einen Fremden: „He, Fremder kannst du rechnen?"
„No frale kann i rechnen!"
Sagt der Bayer: „Gut, dann stell ich dir eine Aufgabe:
$5 - 6 = -1 + 1 = 0$, kapierst du des?"
Sagt der: „Naa, des kapier ich net!"
Der Bayer: „Gut, dann sag ich dir ein Beispiel. Wenn du zum Beispiel auf der Bank 5 Euro hast und hebst 6 Euro ab, dann hast du
minus einen Euro, dann musst du wieder einen Euro einzahlen,
dass du wieder bei null bist!"
Sagt der Fremde: „Super, jetzt kapier ich des!"
Der Fremde kommt heim und fragt seinen Bruder, ob dieser auch
rechnen kann. Nach dessen „Ja" stellt er ihm dieselbe Rechenauf-
gabe. Als sein Bruder diese auch nicht kapiert, versucht er es mit
einem Beispiel, aber es fällt ihm nicht ums Verrecken mehr das
Beispiel mit der Bank ein. Er überlegt und überlegt, da fällt ihm
endlich ein Beispiel ein: „Also, pass auf, wenn in einem Omnibus
fünf Leute drinnen sitzen und steigen sechs aus, dann muass einer
wieder reingehen, dass keiner mehr drinnen is, kapierst des?"

Der Ehestreit

Nach vielen Jahren Ehe ist im Hause der Hubers wieder mal ein
großer Streit ausgebrochen!
Sie schreit laut durch die Küche: „Worum hob jetzt i ausgerechnet
di nehma miassn? So an hauffa gstandne Burschen san mir in meiner Jugendzeit nachegrennt!"
Sagt er drauf: „Ja so viel Burschen san dir nachegrennt, und ausgerechnet i Depp bin da schneller gwen!"

Die Bergwanderung

Ein hinkender und ein schielender Mann sind gut Freund.
Eines Tages beschließen sie, gemeinsam eine Bergwanderung zu unternehmen.
Früh morgens brechen beide im Tal auf und wandern drauf los.
Naturgemäß ist der Schielende etwas flotter unterwegs und der Hinkende natürlich langsamer.
Nach einiger Zeit dreht sich der Schielende um und sagt zum Hinkenden: „Ja wennst du nicht schneller gehst, dann komm ma do nie rauf aufn Berg!"
Sagt der Hinkende: „Do wo du hinschaust, geh ma ja eh net hi!"

5000 Brote

Ein Pfarrer war etwas übernachtig, weil er die ganze Nacht mit dem Apotheker, dem Bürgermeister und dem Schullehrer Schafkopf gespielt hat. Am anderen Tag beim Gottesdienst predigte er über die wundersame Brotvermehrung. Aber er hat sich beim Predigen, bedingt durch seine Müdigkeit, etwas vertan und sagte: „Jesus speiste mit 5000 Broten 5 Leute ab!"
Da rief der Bürgermeister rauf: „Das hätt ich auch gekonnt."
Später erklärte der Mesner dem Pfarrer in der Sakristei seinen Versprecher. Da sagte der Pfarrer: „Halb so schlimm, das mache ich nächste Woche wieder gut."
Eine Woche später stieg er auf die Kanzel und predigte: „Und Jesus speiste mit 5 Broten 5000 Leute ab, Bürgermeister, hättest du des auch gekonnt?"
Sagt der Bürgermeister: „Freilich, weil mia letzte Woche soviel übrig geblieben ist!"

Die Huberbäuerin ──────────────

Die Huberbäuerin mit 89 Jahren wohnt schon jahrelang ganz allein 2 Kilometer weg vom Dorf auf einer Einöde. Eines Tages hört der Pfarrer, dass die Huberbäuerin im Sterben liegt.

Er geht rauf zu ihr und will ihr die Krankensalbung geben. Doch leider hat er das Weihwasser vergessen und die Huberbäuerin hat auch keins im Haus, weil sie ja schon lange bettlägerig ist. Sagt der Pfarrer: „Ohne Weihwasser konn i dir koa Krankensalbung geben, du i kimm später nomal, hast noch an Wunsch, weil i kumm ins Dorf runter!"

Sagt sie: „Mei Herr Pfarrer, einen Wunsch hätt i, i dua me so hart mit der Ewigkeit, weil i hob in meinem Nachtkästl 150 Euro, und ich weiß net, wos mit dem Geld amol wird, wenn ich nicht mehr bin. Wissens wos, wenn se no einmal a junger Bursch zu mir reinlegen tät, und tät mir meine Hand a bissl streicheln, der griagat die 150 Euro, dann tät i mi viel leichter mit der Ewigkeit!"

Der Pfarrer sagt: „Ich schau mal, was sich macha lässt!"

Er trifft dann im Dorf den Oberministranten Seppl, ein schneidiger Bursch mit 19 Jahren. Dem schildert er die Lage, und dass er sich auf die Schnelle 150 Euro verdienen kann.

Der Seppl rennt gleich rauf zur Huberbäuerin und nach 2 Stunden denkt sich der Pfarrer, jetzt schau ich doch mal rauf, wos so treiben alle zwoa.

Er geht rauf, öffnet die Schlafzimmertür, jetzt liegt da der Seppl ganz allein im Bett drinnen.

Fragt der Pfarrer: „Ja Seppl, wo is denn die Huberbäuerin?" Sagt der Seppl: „Du, de is nomol in d'Bank owe, de holt nomol hundertfuchzge!"

Das Holzhauen

Der Sepp ist im Hof und spaltet mit der Axt Holz.
Er zieht immer fest auf, damit er es auf einen Schlag auseinanderhaut. Ohne es zu merken, kommt hinter ihm seine Gattin und will ihn was fragen.
Genau in diesem Moment zieht der Sepp auf, und haut mit dem Axtrücken seine Holde aufs Hirn!
Er schreit: „Weibl bitte wach auf, i hob de net gseng, des hob i net gwollt, Weibl bitte, bitte, bitte, wach holt auf!"
Da öffnet sie mit einer riesigen Beule am Kopf die Augen und schreit: „Du Rindviech, du blöds!"
Sagt er ganz erleichtert: „Gott sei Dank, sie kennt me wieda!"

Der Pokalgewinn

Ein Mann kommt vom Betriebsausflug nach Hause und hält in der Hand einen riesigen Pokal.
Seine Frau schaut ganz verwundert und fragt: „Wo host denn du den Pokal her?"
Er sagt darauf ganz stolz: „Ja mei, den hob i gewonnen! Ha, do schaust?"
Sie ganz ungläubig: „A wo ebba du wos gwinnst, du host doch no nie wos gwunga, du konnst doch nix!"
Er darauf: „Scho, den hob i nämlich bei einem Rechenwettbewerb gwunga!"
Sie: „So a Schmarrn, rechnen konnst doch du a net!"
Er: „Doch, seghst as ja!"
Sie: „Wos habts denn dann do rechnen miassn?"
Er: „Die Aufgabe war, wieviel ist drei mal neun? Und i bin mit 24 Dritta worn!"

Der neue Papagei

Eine Frau geht ins Zoofachgeschäft und will sich einen Papagei kaufen. Der Verkäufer sagt zu ihr: „Liebe Frau, wir haben momentan nur einen Papagei im Haus und den gebe ich ihnen sehr ungern!" Fragt sie: „Ja, warum gebens mir den ungern?"

Verkäufer: „Liebe Frau, den Papagei haben wir zurücknehmen müssen und zwar von einem Nachtlokal, weil der da so vorlaut war!"

Sagt sie: „Des is mir egal, i kauf den Vogel trotzdem!"

Sie kauft den Papagei, nimmt ihn mit und stellt ihn daheim ins Wohnzimmer. Dann spült sie in der Küche ab und als sie ein Tablett voll Geschirr ins Wohnzimmer trägt, sieht der Papagei sie und sagt: „Ja griaß de, a neue Nachtlokalchefin im Haus. Respekt, Respekt!"

Sie ist ganz verstört raus und denkt sich, was hab ich da bloß für ein Viech gekauft.

Nachmittags kommen ihre zwei hübschen Töchter von der Berufsschule. Diese gehen gleich ins Wohnzimmer und wollen Playstation spielen. Der Papagei erblickt die Mädels und sagt: „Ja griaß euch, neue leichte Mädchen im Haus. Respekt, Respekt!"

Am Abend kommt der Mann von der Arbeit heim, geht gleich ins Wohnzimmer, will die Fernsehzeitung holen. Der Papagei erblickt ihn und schreit erfreut: „Ja servus Sepp, bist a wiada do?"

Die Adoption

Der freche Sohn fragt die Oma: „Du Oma, sei ehrlich, hamms mi adoptiert?"
Darauf die Oma: „Scho, owa de hamm de bold wieda brocht!"

Die Mädelsauswahl

Da Hanse sitzt mit seinem Freund in da Disco und sie schauen sich die schönen Mädels an! Er jammert, weil er schon so manches Mädel mit nach Hause gebracht hat und keine passt!
Egal was er daher bringt, die Mutter schimpft und wirft des Mädel wieder raus!
Sagt der Freund: „Du machst do an Fehler, du muaßt Oane bringa de ungefähr so is wia dei Muada!"
Sagt da Hanse: „Des hob i a scho probiert, owa de hod dann mei Vada aussegwoafa!"

Der Fensterblick

Da Meier Hias schaut aus dem Fenster raus und sagt de ganze Zeit so vor sich hin: „Ja wenns no grod as Renga aufhörn daat! Ja wenns no grod as Renga aufhörn daat! Mei wenns no grod as Renga aufhörn daat! Worum hörts denn des Renga net auf?"
Fragt sie: „Worum sagst du denn des de ganze Zeit so vor dich hin?"
Er: „Weilst du dort amol gsagt host, eines schönen Tages haust ab!"

Das Navi

Sagt da Sepp am Stammtisch: „I sogs eich, mei Navi spinnt total. Des sagt allweil ‚Bitte wenden!' und i hob ja no gor net gmäht!"

Am Bahnhof

Der Sepp steht am Bahngleis und wartet, dass der Zug mit seiner Frau aus Berlin kommt. Endlich fährt der Zug ein und seine Resi steigt mit zwei Koffern aus. Er nimmt ihr die Koffer ab und sagt: „Schee dasst wieda do bist!"
Darauf sie: „Ja, und wo bleibt denn der Kuss? Schau amol do ume, wia der Mann seine Frau abschmust!"
Sagt da Sepp: „Koa Wunder, de fohrt ja fort!"

Vor der Haustür

Da Hias war wieder mal im Wirtshaus und seine Frau, die Rosl geht, wie gewohnt alleine ins Bett. Am anderen Morgen merkt sie, dass da Hias nicht neben ihr im Ehebett liegt. Ganz erschrocken springt sie aus dem Bett und rennt zur Haustür und sieht, dass der Hias besoffen vor der Haustür liegt!
Ganz entsetzt schreit sie: „Ja Hias, worum bist denn net einaganga!"
Er drauf lallend: „Weibl, i hob den Schlüssel nimma ins Türgschloß bracht!"
Sagt sie: „Ja hättst ma holt nachat geläutet! I hätt da scho aufgmacht!"
Er lallt wieda: „Weibl, glaub maas, i bin nimma zu da Glockn aufekemma!"
Drauf sie: „Ja mei, worum host ma denn nachat net gschrian?"
Er: „Mia is ja dei Nam nimma eigfolln!"

Die Bitte des Lehrers

Sagt der Lehrer zu seinen Schülern: „So liebe Kinder, jetzt mach ma mal einen Test! Und zwar, wer der Dümmste in der Klasse is, der soll mal sofort aufstehen!"
Eine Zeit lang rührt sich keiner der Schüler, doch dann steht ganz zögernd der Seppl auf!
Fragt der Lehrer: „Ja Seppl, worum bist denn du jetzt aufgstandn?"
Sagt der Seppl drauf: „Dass du net da Oanzige bist, der steht!"

Am Sterbebett

Da Huababauer liegt im Sterbebett. Seine Frau Res sitzt weinend neben ihm und betet den Rosenkranz. Mit letzter Kraft erhebt sich der Huberbauer und sagt: „Res, nur oans muaßt ma no vosprecha und sunst nix! Owa wenn i jetzt dann gstorm bin, dann heiratst den Viehhändler!"
Sie ganz überrascht: „Ja Sepp, wia kimmst denn jetzt do drauf?"
„Woaßt", sagt er, „der hot me allaweil aso bschissn und des gib i eahm zruck!"

Vater und Sohn im Wirtshaus

Fragt der Maxl den Papa: „He Papa, ab wann merkt ma denn, das man bsuffa is?" Sagt der Papa: „Maxl, des is aso, wenn aus dene zwoa die do hintn sitzn, auf amol viere wern, dann bist bsuffa!"
Sagt der Maxl: „Papa, do hintn sitzt fei bloß oana!"

Omas Geburtstagsgeschenk

Alle Jahr des Gleiche, man weiß nicht, was man der Oma zum Geburtstag schenken soll!

Und die Oma sagt sowieso immer: „Bitte schenkts mir nix zum Geburtstag, weil i hob scho alles! I brauch nixe mehr und i gfrei me, wenns me bsuachts, des glangt!"

Doch die Kinder und Enkel haben überlegt, und weil die Oma schon länger Probleme mit der Hüfte hat und sehr schlecht dahergeht, hamms zusammengezahlt und einen Rollator gekauft!

Die Oma war zwar anfangs skeptisch, doch nach den ersten Spaziergängen war sie begeistert und fortan sah man sie nur noch voller Freude mit dem Rollator durchs Dorf marschieren.

Aber die Zeit vergeht und schon stand wieder ein Geburtstag vor der Tür! Man überlegte, was schenken wir denn diesmal. Und weil man letztes Jahr richtig entschieden hatte, gabs diesmal ein Zusatzgerät für den Rollator!

Und zwar ein Navi! Dieses wurde der Oma an den Rollator gebaut und nach ein paar Wochen hamms gfragt: „Na Oma, wia geht's da denn mit deinem Navi am Rollator?"

Sagt die Oma: „Oh mei, des Hundsglump könnts glei wieda owaschrauben und umtauschen oder werfts es glei weg!"

Alle ganz überrascht: „Ja Oma, worum denn des, bist ebba net zufrieden?"

Die Oma grantig drauf: „Na do bin i gor net zufrieden, weil jedes Mal, wenn i am Friedhof vorbei geh, dann sagts: „Sie haben Ihr Ziel erreicht!'"

Hoher Schulbesuch

In den Sommerferien hat eine Kommune die Schule renovieren lassen. Die Handwerker waren fleißig und nach den Ferien wollten sich der Schulrat und der Bürgermeister das Ergebnis anschauen. Sie kamen in ein vollbesetztes Klassenzimmer.

Der Lehrer sagte: „Liebe Kinder, wir haben hohen Besuch, sagts mal schön Grüß Gott!"

Alle Kinder riefen: „Grüß Gott Herr Schulrat, Grüß Gott Herr Bürgermeister!"

Da dachte sich der Schulrat, wenn wir schon da sind, dürfte ich was sagen und sprach: „Herr Lehrer, darf ich Ihren Kindern eine Frage stellen?"

„Freilich!" sagt der Lehrer: „Weil meine Kinder wissen alles!"

Da dachte sich der Schulrat, dann stell ich eine christliche Frage: „So liebe Kinder, wer von euch kann mir die 12 Apostel sagen?" Es herrschte Schweigen in der Klasse! Auch das Wiederholen der Frage blieb ergebnislos!

Da wollte der Lehrer die Situation retten und sagte zum Seppl: „He Seppl, du bist doch Ministrant, sag holt du schnell a paar!"

Der Seppl war überrascht, sagte ganz überrumpelt und spontan: „Aaaah, David und Goliath!"

Anschließend auf dem Flur sagte der Schulrat zum Bürgermeister: „Ja, des mit de Apostel war jetzt scho a bissl schwach!" Dann sagt der Bürgermeister leise drauf: „Ja mei, wenigstens hot er zwoa gwusst!"

Prosit Neujahr

Da Sepp rennt am 26. März stockbesoffen durchs Dorf und sagt ganz laut zu jedem: „A guads neis Johr! A guads neis Johr, a gsunds neis Johr, viel Glück im neia Johr!" und so wackelt er dahin. Da geht der Pfarrer auf ihn zu und sagt: „He Sepp, wos is denn los, mia hamm doch scho den 26. März!"

„Wos?" sagt der Sepp: „den 26. März? Oh mei, do wird mei Olte schimpfa, weil so lang bin i no nie ausbliem!"

Die Trophäenbesichtigung

Ein Jäger namens Herbert bekommt Besuch von seinem Schulkameraden Hans. Sie sitzen im Esszimmer und plaudern über vergangene Zeiten. Plötzlich sagt der Hans: „Du Herbert, darf ich mal deine Trophäensammlung sehen?" Erfreut und voller Stolz führt der Herbert den Hans ins Wohnzimmer. Alle Wände hängen voller Geweihe!

Hirsch, Gams und Rehgeweihe. Auch ausgeschoppte Fasangockel, Wildenten und sogar ein Wildsauschädel hängt an der Wand. Da sieht der Hans, dass mitten unter den Rehgeweihen ein Bild von Herberts Frau hängt.

Er fragt: „Du Herbert, wos soll denn des Bild von deiner Resi mitten untern den Geweihen?"

Sagt der Herbert: „Hans, des war mei größter Bock, den i bisher gschossn hob!"

Weinend am Stammtisch

Da Kare sitzt am Stammtisch und auf einmal bricht es aus ihm raus, er fängt fürchterlich zum Weinen an!
Alle rundum sind erschrocken und fragen: „Ja Kare, wos is denn los!"
Er sagt: „Übermorng hamma Silberhochzeit, i und mei Traudl!"
Alle: „Des is doch schee, und nix zum Woana!"
„Scho", sagt er: „Weil, wia ma gheirat ham, hamma uns versprocha, wir wollen niemals auseinandergehen! Und jetzt schauts es o, wias ausananda ganga is, mei Traudl!"

Hula-Hoop-Reifen

Sepp: „Gell, du host deiner Frau an Hula-Hoop-Reifen zum Geburtstag gschenkt!"
Hans: „Ja!"
Sepp: „Und wos hots gsagt?"
Hans: „Passt!"

Das Rollo

Die siebzehnjährige Tochter sagt zum Papa: „He Papa, ich brauch für mei Zimmer unbedingt an Rollo! Weil da Nachbar, der schaut immer von seinem Fenster aussa, schaut zu meinem Fenster eina, und schaut ma zua, wia i mi umzuig!"
Do kratzt da Papa a bissl an seinem Hirnkastl und sagt: „Nein Derndl, des moch ma anders! Du tauscht mit da Oma des Zimmer, do soll se liaba da Nachbar an Rollo kaufa!"

Die Grabrede

Der Vorstand der Freiwilligen Feuerwehr ist auf Kur und sein Stellvertreter ist nicht so redegewandt wie er!

Ausgerechnet in dieser Zeit stirbt das treue Vereinsmitglied Herr Kämpfer! Lange hat der 2. Vorstand an der Rede gefeilt, doch plötzlich kommt ihm ein Geistesblitz und er hat eine Idee für die Rede!

So steht er dann am offenen Grabe und sagt: „Wir stehen hier am Grabe von unserem Feuerwehrkameraden Herrn Kämpfer! Er hat ein Leben lang gekämpft, nun hat er ausgekämpft, lieber Herr Kämpfer, wir werden weiterkämpfen!"

Alle waren begeistert und großes Lob überhäufte ihn! Doch wie es so sein will, stirbt am nächsten Tag schon wieder ein Vereinsmitglied. Dieser trug den Namen Ring und der 2. Vorstand dachte sich, ich lehne diese Rede einfach an die andere an. So sprach er bei der Beerdigung folgendes: „Heute stehen wir am offenen Grabe vom Feuerwehrkameraden Herrn Ring! Er hat ein Leben lang gerungen, nun hat er ausgerungen, lieber Herr Ring, wir werden weiterringen!"

Als er vom Grab weggeht, sieht er, dass einer lacht! Anschließend stellt er ihn zur Rede: „Warum lachst denn du aso?"

Gibt ihm der zur Antwort: „Angenehm, i hoaß Vogl und gfrei me scho auf mei Grabrede!"

Im Einkaufszentrum

Zwei Schulkameraden, der Schorsch und da Michl, treffen sich im Einkaufszentrum, beide nervös, aufgelöst und außer sich! Sagt der Schorsch: „Michl, wos is denn mit dir los?"
Der Michl: „Du, i suach mei Frau und findts einfach net!"
Sagt der Schorsch: „Des möchst ja net glaum, ich such a mei Frau überoll und de is nicht auffindbar!"
Fragt der Michl: „Wia schaut denn de deine aus?"
Schorsch: „De meine is blond, braungebrannt, 1,80 groß, Minirock, rote Stöcklschua! Und wia schau de deine aus?"
Sagt der Michl: „Ach vergiss de mei, suach ma de dei!"

Im Stau

Der Chef fragt den Sepp: „Warum kimmst du so spät in die Arbeit?"
Sagt der Sepp: „I bin im Stau gwesn!"
Chef: „Und worum bist den Stau net umfahren?"
Sepp: „Des is net ganga, weil i war da erste!"

Der Bikini

Der Opa kauft für die Oma zum Geburtstag einen Bikini!
Er hat sich für ein Blumenmuster entschieden und mit der Verkäuferin ausgemacht, wenn der Bikini nicht passt, möchte er ihn umtauschen.
Am anderen Tag kommt er wieder und möchte das Oberteil zurückgeben. Die Verkäuferin fragt: „Warum?"
Der Opa: „Des brauch ma net, mia ham allas in d'Hosn einebrocht!"

Die Buße

Nach einem stengen Winter ging im Pfarrhof langsam aber sicher das Brennholz zur Neige.

Der Pfarrer überlegte, wie er seinen Holzschuppen ohne viel Arbeit wieder füllen kann. Er kam auf eine Idee und gab beim Beichten keine Gebete zur Buße auf, sondern je nach Sündenlage sollten ihm die Sünder ein oder zwei Schubkarren Brennholz in den Schuppen werfen!

Kurz nach der Osterbeichte sah die Pfarrhaushälterin vom Fenster aus, wie das alte buckelige Kräuterweibl mit einem Leiterwagen Holz in den Schuppen schiebt. Nach einer Stunde ist das Kräuterweibl schon wieder da! Die Haushälterin schaut wieder staunend und überrascht aus dem Fenster!

Da sagt des Kräuterweibl: „Do brauchst gor net so blöd schaua, weil i muaß no drei mol fahrn!"

Klassentreffen

Ein sehr alter Mann steht am Dorfplatz und fragt eine Dame an der Bushaltestelle: „Sie, gnädige Frau, i muaß zum Klassentreffen, wo is denn do da Huabawirt?"

Die Dame: „Der is glei do um die Ecke, bloß umara hundert Meter! Aber derf i eana frong, wia olt san denn Sie scho?"

Der alte Mann: „Mei, i bin jetzt scho 94 Johr!"

„Wos?" sagt die Dame: „Und do hamm Sie allweil no a Klassentreffen?"

Er: „Ja scho, owa die letzten sechs Johr bin i alloa. Owa i denk ma allweil, wenn i net hingeh, dann kimmts ganz ob!"

Am Grab

Die Waldmeier Res war eine sehr neugierige und böse Frau. Keiner hat sie gemocht, weils einfach eine Beißzang und immer grantig war. Vor allem mit ihrem Nachbarn, dem Ranzenbauern Sepp lag sie im Dauerstreit!

Eines Tages im hohen Alter von 89 Jahren hat auch die Res das Zeitliche gesegnet und sie starb.

Zur Beerdigung haben sich doch ein paar Trauergäste eingefunden, der Pfarrer sprach auch einige rührende Worte und machte alles sehr würdevoll. Zum Abschied fetzte noch jeder Weihwasser ins offene Grab und einige warfen sogar Blumen hinein!

Nur der Ranzenbauern Sepp warf keine Blumen sondern einen Feuerlöscher ins Grab!

Fragt einer: „Worum wirfst du do an Feuerlöscher nei?"

Ranzenbauer: „Do wo de jetzt is, do kons den gwiß braucha!"

Frische Wäsche

Weils der Hans mit der Hygiene gar nicht so hat, muss seine Frau immer dahinter sein, dass der auch manchmal seine Unterwäsche wechselt!

Fragt sie ihn: „Hans, host du a frische Unterhosn dro?"

Er: „Ja frale, de ganze Wocha scho!"

Die Frage

„He Sepp, wos hot denn dei Frau gsagt, wiast gestern so bsuffa vom Wirtshaus hoam bist?"
Sepp: „Nix, und de zwoa Zähn wollt i mir eh reissn lassn!"

Nach dem Wirtshausbesuch

Da Kare hat seinen Schulfreund den Manfred zufällig nach vielen Jahren wieder mal getroffen. Sie kamen ins Reden und vor allem ins Saufen. Jeder war schon hackedicht, da kam der Kare auf die Idee und nahm den Manfred mit nach Hause, um ihm seine Heimat zu zeigen.

Wackelnd gingen beide von einem Zimmer ins andere. Zu jeder Räumlichkeit quatschte der Kare ein paar Worte und gab seinen Senf dazu!

„Des do is unser Wohnzimmer, do schau ma allweil Fernseh mei Olte und i! Und des do is unsere Küche, do koch ma allweil mei Olte und i! Und do hintn is unsa Klo, owa i brauch do net amol die Klorolle auswechseln, des mocht sie! Im Keller, do is da Hobbyraum und die Sauna, do damma saunieren, mei Olte und i!"

Im oberen Stock kamen sie ins Schlafzimmer. Sagt der Kare: „Und des do is unsa Schlafzimmer, und de vier Haxn, die aus da Bettdeck schauan, samma mei Olte und i!"

Der Heimgang

Der Willi und da Herbert sind zwei alte Stammtischbrüder. Gerne gehen sie gemeinsam ins Wirtshaus und dann auch gemeinsam stockbesoffen im Zickzackkurs wieder heim. Eines Tages zu später Stunde sind sie auf dem Heimweg. Als sie am Dorfweiher vorbeikommen, stolpert der Willi und fällt in den Weiher hinein! Der Herbert bleibt eine Weile am Weiherrand stehen und schaut sich die Sachlage an. Er lehnt sich an einen Baum und sagt dann: „Willi, wennst de zammgsuffa host, dann gehn ma weida!"

Der fünfte Sohn

Ein Ehepaar hat fünf Buben. Lauter nette stramme Kerle. Nur einer davon kann nicht reden. Jegliche ärztliche Kunst war vergebens. Da kommt der Vater auf die Idee und sagt: „Ich fahr mit dem Buam nach Altötting und tauche ihn fest ins Weihwasser, vielleicht hilft des!"
Gesagt, getan, und wie er den Buam zum dritten Mal ins Weihwasser taucht, sagt der Bua: „Mei Vater, bist du a trumm Depp!"
Er reißt sein Handy raus und ruft seine Frau an und erzählt: „Du, unser Bua kon reden, und woaßt, wos er als erstes gsagt hot? Er hot gsagt: Mei Vater bist du a trumm Depp!"
Do sagt sie am Telefon: „Du bist aa a trumm Depp, weil du host an falschen Buam dabei!"

Der Geldbeutlblick ─────────────

Da Lugge sitzt am Stammtisch und hat gerade zum dritten Mal sein Bierglas leer! Die Resi, die Stammbedienung beim Wirt, fragt ob er denn noch a Halbe will! Der Lugge holt seinen Geldbeutel aus der Gesäßtasche, schaut hinein und bstellt se nomol a halbe Bier!

Bei der nächsten halben Bier wiederholt sich die Prozedur. Jedesmal wenn das Glas leer ist, und die Resi nachschenken will, holt er seinen Geldbeutel raus, schaut hinein und bestellt a Halbe!

Nach dem achten Bier fragt die Resi nach: „He Lugge, worum schaust du jedesmal zuerst in den Geldbeutel bevorst a frische Halbe bstellst?"

Der Lugge: „Woaßt Resi, do hob i a Bild vo meiner Frau drin, und wenns ma gfollt, dann geh i hoam!"

Turbulenzen beim Flug ──────────

Bei einem Überseeflug gerät das Flugzeug in Turbulenzen. Der Pilot wendet sich an die Passagiere und sagt, dass er die Maschine nicht mehr halten kann, höchstwahrscheinlich stürzen wir ab! Alle Passagiere sind aufgebracht, schreien wild durcheinander, klammern sich aneinander fest und haben unheimliche Todesangst! In einer der hinteren Reihen sitzt ein Pfarrer, der nach außen sehr ruhig erscheint! Einer der Passagiere geht zu ihm: „Bitte Herr Pfarrer, machen Sie was! Sie sind doch der Profi, bitte tun Sie das, was Sie in der Kirche auch als erstes machen würden!" Da steht der Pfarrer auf, nimm seinen Hut und fängt an zu sammeln!

Ein Gespräch im Zug

Ein Bayer und ein Preuße sitzen in einem Zugabteil. Eigentlich gibt es zwischen den beiden keine Gesprächsthemen und darum ist es auch dementsprechend ruhig!
Der Preuße schaut aus dem Fenster und sieht eine Herde Schafe auf der Wiese stehen.
Er will ein Gespräch anfangen und fragt den Bayern: „Wie viele Schafe werden das denn wohl sein?"
Der Bayer schaut und sagt: „Des san 327 Stück!"
Fragt der Preuß: „Respekt, wie haben Sie das so schnell gezählt?"
Der Bayer: „Mei, i zähl einfach die Haxn und dann geteilt durch vier!"

Wohnungsübernahme

Der Meier Fritz hat von seinem Freund, dem Lechner Bene, die Wohnung in der Stadt als Nachmieter übernommen. Bevor er einzieht, möchte er die Wohnung tapezieren und fragt den Bene: „Wieviel Tapetenrollen host du den kauft damals, bei deinem Einzug?"
Sagt der Bene: „35 Stück hob i damals kauft!"
Drei Wochen später treffen sich beide wieder, sagt der Fritz:
„He Bene, mia san do fei 18 Rollen Tapeten überbliem!"
Sagt der Bene: „Dua de net owe, mia a!"

Scheidungsfrage

Fragt ein Bekannter den anderen: „He, würdest du deine geschiedene Frau nochmal heiraten?"
Sagt dieser: „Ganz gwiß net! Weil sonst täten die Leute sagen, ich bin bloß hinter meinem Geld her!"

Späte Hochzeit

Ein ewiger Junggeselle heiratet mit 70 Jahren zum ersten Mal. Seine Freunde sind erstaunt und fragen, warum er diesen Schritt so spät macht.
Sagt er: „Mei, des hob i mir scho guad überlegt. Wenns schee is in da Ehe, dann gfreits me, dass i des no dalebt hob! Und wenns net schee is in da Ehe, dann gfreits me, dass nimma so lang dauert!"

Am Land sesshaft gemacht

Ein junger Allgemeinarzt hat gegen den Trend aller Ärzte am Land eine Praxis eröffnet. Im Zeitungsinserat veröffentlichte er, dass ab Montag gerne Patienten angenommen werden.
Als erster ging gleich der Huababauer zum Doktor und lässt sich untersuchen.
Beim Abschlussgespräch sagt der junge Doktor: „Huberbauer, eigentlich sind Sie noch ganz gut beieinander und alle Ihre Werte sind in Ordnung, aber einen Tipp muss ich Ihnen geben. Und zwar, des Bier dürftens in Zukunft weglassen."
Sagt der Huababauer: „Herr Doktor, oans sog erna jetzt i. Aso wern sa se bei uns do net lang haltn!"

Unterschiede

Was ist der Unterschied zwischen einer Hundehütte und einer langen Predigt?
„Die Hundehütte is fürn Hund, und a lange Predigt is für die Katz!"

***

Was ist der Unterschied zwischen einem Ehemann und einem Bürgermeister?
„Der Bürgermeister kennt seine Stellvertreter!"

***

Was ist der Unterschied zwischen einer Stechmücke und einer Ehefrau?
„Die Stechmücke ist bloß im Sommer lästig!"

***

Was ist der Unterschied zwischen einem Humoristen und einem Politiker?
„Der Humorist woaß, dass er an Schmarrn redt!"

***

Was is der Unterschied zwischen einer Ehefrau und einem Kidnapper?
„Mit einem Kidnapper kann man verhandeln!"

***

Was ist der Unterschied zwischen einem Menschen und einem Huhn?
„Dem Menschen reicht ein halbes Gockerl!"

***

Was ist der Unterschied zwischen einem Werktag und einem Feiertag?
„Am Werktag hörst du auf den Chef und am Feiertag auf deine Frau!"

***

Was ist der Unterschied zwischen Pantomime und Schauspieler?
„Bei Pantomime hast du keine mündliche Prüfung!"

***

Was ist der Unterschied zwischen einem glücklichen und einem unglücklichen Ehemann?
„Der eine hat ein trautes Heim und der andere traut sich nicht heim!"

***

Was ist der Unterschied zwischen einem Fußgänger und einem Fußballer?
„Der Fußgänger geht bei grün und der Fußballer bei rot!"

***

Was ist der Unterschied zwischen einem Marienkäfer und einem Abstiegskandidaten?
„Der Marienkäfer hat mehr Punkte!"

***

Komische Fragen

Was ist eine hübsche nackte Blondine auf einer Bierkiste?
„Im Weg!"

***

Was sagt ein Jugendlicher, der ohne Handy am Klo war?
„124 Fliesen!"

***

Was sagt ein Skilehrer am Après-Ski?
„Lieber eine lockere Schnalln als eine feste Bindung!"

***

Wie sagt man in Hamburg zum Nordic Walking?
„Reederei!"

***

Wie sagt man zu einem Polizisten auf Brautschau?
„Schleierfahnder!"

***

Was sagt einer, der nach seinen Zielen gefragt wird?
„Ziele hätt i genug, aber zu wenig Munition!"

***

Was sagt einer, der das Hosentürl offen hat?
„Mei Freund hat Bereitschaft!"

***

Was sagt ein Karpfen zum anderen mit einem Angelhaken im Mund?
„He, host du a cooles Piercing!"

***

Was ist ein suchendes Auf und Nieder?
„Googlehupf!"

***

Was macht einer, der die längste Zeit im Bett liegt?
„Er prüft seine wichtigsten Unterlagen!"

***

Wie sagt da Opa zu der Schönheitsfarm?
„Runzlranch!"

***

Was sagt ein Besoffener zum Schneepflug!
„He, des is a cooler Spoiler!"

***

Sprüche

„Danke, ebenfalls!", hot die demenzkranke Oma zum Bürgermeister gsagt, wia er ihr zum 90. Geburtstag gratuliert hot!

***

„Hot de ebba an Teppich gheirat?", hot dersell gsagt, wias ihm erzählt ham, dass die Nachbarin an Perser hot!

***

„Wia is bloß des Auto auf des Dach aufekemma?", hot d'Oma gfragt, wias in da Zeitung glesn hot, dass an Dachdecker zammgfahrn ham!

***

„Weil d'Mama gmoant hot, da Papa kimmt hoam!", hot da Bua gsagt, wiasn gfragt ham, worum dass da Einbrecher im Krankenhaus liegt!

***

„Wenns net besser wird", hot dersell gsagt, „dann brauch i an Schnaps, und hoffentlich wirds net besser!"

***

„Woaßt wos Scheiße is?", hot dersell gsagt, „wenn da Schoaß a Gwicht hot!"

***

„I bin scho a Depp", hot dersell gsagt, „i arbat de ganze Zeit, dass i a scheens Lebm hob! Und trotzdem hob i koa scheens Lebm, weil i de ganze Zeit arbatn muaß!"

***

„Is ebba d'Uhr kaputt?", hot d'Oma gfragt, wia d'Tochter gsagt hot, dass an urologischen Notdienst ogruafa hot!

***

„Stehen Sie auf Lack und Leder?", hot dersell gfragt.
„Na, owa mit de Fiaß auf PVC!"

***

„Dann muaß mei Weib scho de ganze Galaxy segn!", hot dersell gsagt, wia er den Spruch ghört hot: „Je größer der Dachschaden, umso besser is der Blick in die Sterne!"

***

„Geld is net alles!", hot dersell gsagt, „es muaß eahm scho ghörn a!"

***

„Wissen Sie, ich versteh Sie so schlecht!" hot da Preiß zum Bayern gsagt. „Des is owa Scheiße!", sagt der, „weil i red de ganz Zeit scho houdeitsch!"

***

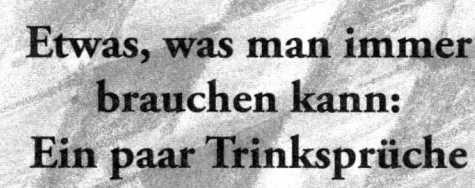

Etwas, was man immer
brauchen kann:
Ein paar Trinksprüche

Das Bier bringt Energie,
das is sonnenklar,
und ist so nebenbei,
mit jeder Halbe auch erneuerbar!
Also ist ein Bier für mi,
eine erneuerbare Energie!

***

Sie sagt grantig, es is zum Schamma,
schau owa, du muaßt an Keller auframma!
Guad sagt er, ich moch dein Deppen,
und stiefelt über die Kellertreppen!
Doch kaum san dann fünf Minuten rum,
steht er scho wieda in der Stubm!
Bist ebba scho fertig, fragt sie ogfressn.
Na sagt er, i hob an Korkenzieher vogessn!

***

Es is und bleibt des olte Gred,
Alkohol löst deine Probleme net!
Aber ich sag euch ins Gesicht,
auch Wasser löst sie sicher nicht!

***

Immer wieder hört mans schrein,
man kann auch ohne Alkohol lustig sein!
Das entlockt mir ein Gekicher,
ich geh lieber auf Nummer sicher.

***

Es sagt der Mann,
mei is des dumm,
i woaß, dass i gheirat hob,
aber nicht warum!

***

Wer beim Essen schwitzt und bei der Arbeit friert,
der hat studiert!

***

An Neujahr denk ich immer gern,
so manches sollte besser wern!
Und an Silvester im selben Jahr,
bin ich froh, dass nixe schlechter war!

***

Da Doktor sagt zum Patienten,
des wird fei noch böse enden,
wenns so weida saufa ganz bestimmt,
dann wern sie fei demnächst blind!
Do sagt der Säufer, des is net bled,
gseng hob i scho gnua, owa gsuffa net!

***

Es is holt ein großer Mist,
do sauft ma, dass ma s'Weib vogißt,
dann kimmst hoam und fühlst dich wohl,
und dann seghst as vor dir zwoa mol!

***

Auf die Frauen die wir lieben,
und die Weiber, die wir kriegen!

***

Beim Wunder von Kanaan, fällt mir ein,
verwandelte Jesus Wasser zu Wein!
Am Klo, da merk i immer blasser,
meine Leber macht aus Wein: Wasser!

***

Vor der Hochzeit denkt der Mann,
dass er die Frau schon noch ändern kann.
Sie ist perfekt und die Kleinigkeiten,
werden keine großen Probleme bereiten!
Man denkt, de biag i schon no hi,
glaubts mas Burschn, über die Jahre vobiagt sie di!

***

Scheint die Sonne fest von ohm,
gibt's wenig Gas und ganz viel Strom!

***

Willst du deine Mannschaft oben sehn,
so musst du die Tabelle drehn.

***

Mi druckt da Helm,
so sagt der Feuerwehrmann
und mi druckt a Schoaß,
da Bua gleich nebenan.
Mi druckt die Kuah,
sagt da Stier der Gmoi,
und mi druckt jetzt aa Schnaps,
sagt da Bäffyboy!

***

Oh Alkohol, oh Alkohol,
wieviele verfluchen dich wohl,
du steckst im Schnaps, Wein und Bier,
viele ham a Problem mit dir.
Ob anonym, ob öffentlich,
an den Pranger stelln sie dich.
I hob mit dir kein Problem, sog i,
a Problem hob i bloß ohne di!
Prost!

***

Das Bier, das ist das eine,
das andere sind die Weine.
Ob Chianti, Zweigelt, Beaujolais,
Trollinger, Eselhaut oder Rosé,
Himmlisches Moseltröpfchen vom Paradies,
doch der Branntwein mir am liebsten is.

***

Biergedicht

Des beste Bier auf der Welt,
so wird überall erzählt,
kimmt aus Bayern, so muaß sei,
und jeder schenkt se des gern ei.

Landauf, landab im Berg und Tal,
bayerisches Bier, des mog ma überall.
Jeda mog bayerisches Bier,
und wem des schmeckt, des hörts vo mir.

Es schmeckt dem Mauerer auf dem G'rüst,
und dem der grod seine Weißwürscht isst,
es schmeckt de Zimmerer und de Maler,
a de Gäste unter dem Terrassenstrahler!

Natürlich a jedem Stammtischbruder,
und jedem Formel-1-Boxenluder,
a die Klosterschwester schenkt sichs ei,
und de Männer der Straßenmeisterei.

Es schmeckt Denkern und Spekulanten,
Jodlern, Sängern, Musikanten,
Jogger, Walker, Radlfahrern,
Ministranten, Mesnern und Pfarrern!

Schwimmer, Taucher, Segelflieger,
Jäger, Fischer, andere Lügner.
A der Doudengräber und die Hebamm,
trinkens nach der Arbeit zam.

Des Bier schmeckt a de Urlaubsgäste,
und de Besucher tausender Feste,
Feuerwehr, Schützen und Sportverein,
schütten literweis Bayerns Bier hinein.

Es schmeckt Lehrern und Doktoren,
auch Politikern kam mir zu Ohren.
Ob schwarz, rot, gelb, frei oder grün,
einen Schluck und er is zfrien.

Und sogor daa Frauenbund,
sagt des Bier, is guad und gsund.
Es schmeckt überall, so wird erzählt,
auf allen Kontinenten dieser Welt!

Und was zum Schluß ich garantier,
des schmeckt jedem so wie dir und mir.

Prost!

Kleiner Bierhinweis

Mit 1 Mass Bier host an Stich!
Mit 2 Mass Bier host an Lante!
Mit 3 Mass Bier host a Räuschl!
Mit 4 Mass Bier host an Seia!
Mit 5 Mass Bier host an Wenda!
Mit 6 Mass Bier host an Blescha!
Mit 7 Mass Bier host an Breller!
Mit 8 Mass Bier host an Wurf!
Mit 9 Mass Bier host an Fetzen!
Mit 10 Mass Bier host an Totaln!
Mit 11 Mass Bier host dei Quantum!

Der Hausl im Gasthaus zur lustigen Res! __

Da Rufern Sepp und de Schrundn Res, de ham a Wirtshaus, haißn duats zur lustigen Res, weil die Schrundn Res ganz a Lustige war, bevors den Sepp kenna glernt hot!

Und seit dera lustigen Zeit is da Geufan Girgl immer no als Hausl im Wirtshaus tätig.

Der hot do eigentlich nie ogfangt! Oba er is einfach do. Da Girgl hot a immer so guade Sprüch drauf und drum mog ihn jeda recht gern.

Er hot zum Beispiel scho in da Früh des Motto: „Wenn i no net aufgstandn bin, michat i mi am liebsten scho wieder hinlegn!"

Vorhin fragt ihn da Chef: „Girgl, wos doust den heit!"

Sagt da Girgl: „Nix!"

Chef: „Oba du host doch gestern scho nix do!"

Girgl: „Scho, i bin owa net fertig worn!"

Am Stammtisch sitzt da Girgl a gern, oba do is ja oana blöda wia da andere! Einen Schmaatz hams, do konn da Girgl mitholtn.

Sagt oana: „Stellts enk vor, i kimm heut Mittog hoam, frog mei Weib, wos gibt's zum Essen?"

Sie: „Nix!"

Sog i: „Hot doch gestern scho nix gebm!"

Sie: „Ja, i hob für zwoa Dog kocht!"

D'Res sitzt se manchmal a hi und mächt mitreden. Neilich hots gsagt: „I hob an wahnsinnig großen IQ!"

Sagt da Sepp: „Stimmt net, des hoaßt BMI!"

Oba da Wirt, da Rufan Sepp is ja da gleiche Hallodrie! Der wenn zuviel gsuffa hot, dann hängt er an Zettl an die Tür!

„Heute zu wegen gestern!"

Und allweil gibt's komischere Leid, de wo ins Wirtshaus kemmand.

Gestern stehnand zwoa an da Haustür, und frong an Girgl: „Wollen Sie Zeuge Jehovas werden?"

Sagt da Girgl: „Naa, waal i hob den Unfall gor net gseng!"

Da Girgl derf oba net recht lang am Stammtisch sitzn, dann schaffens eahm wieda a Arbeit. Neilich hot er des Klo putzen miassn und do hängt über da Bieslrinna a Schildl:
„Bitte verlassen Sie die Toilette so, wie Sie sie vorfinden möchten!"
Na hot da Girgl drunter gschriem: „Fliesen verlegen kann ich nicht!"
Da Girgl hot a einige Nebenjobs. Da erste hot net lang guad do! Ihn hams recht gschimpft, weil er mit da kurzn Schnittschutzhosn ins Holz kemma is und gsagt hot, er mocht einen Brennholzverleih auf!
Er hots a scho probiert mit Brustvergößerung durch Handauflegen! Wenns net hilft, gibt's das Geld zurück!
Blöd is a net, da Girgl. Und drum hot er se jetzt an Computer zuaglegt. Sei Computer-Passwort haißt: „Falsch"
Und jedes Mol, wenns eahm nimma eifollt, schreibt er einfach wos hi und dann kimmt am Computer: Ihr Passwort ist „Falsch!"
Und scho is er wieda drin!
A Freindin hot da Girgl a scho mol ghot, oba de is glei wieda davo, sie hot eahm nämlich amol ins Ohr geflüstert: „Schatz, moanst du i hob zu wenig Busen?"
Sagt er: „Na, i daat sogn de zwoa glangand scho!"
So jetzt kennts ihr die Zustände im Wirtshaus zur lustigen Res auch. Die Schrundn Res, da Rufern Sepp, da Geufan Girgl und die Stammtischrunde! Und wenns das Wirtshaus gäben tät, ich gaang öfter auf a Halbe hin und hörat mir den Schmarrn o!

Die Trunkenheitsfahrt

Da Wast, der is im Wirtshaus gwen,
eigentlich könnt er zu Fuß hingehn,
doch desmol hots eahm holt pressiert,
und drum is er net marschiert!

Er hot einfach as Auto gnumma,
drum is er a rechtzeitig kumma,
zu da Stammtischquatscherei,
beim Wirtshaus Hinterdobler Bräu!

Direkt vorm Wirtshaus hot er parken kina,
sowos duat ma selten fina!
Er fangt glei mit an Wasser o,
damit er später hoamfohrn ko.

Er hots net gmoant, doch es ist passiert,
des Wosser hot holt gor net gschmiert!
Drum hot er a bold umgestellt,
und sich de erste Hoiwe bestellt.

Owa beim Wast is holt aso,
dass er nimma aufhörn ko,
wenn er den erstn Schluck gnumma hot,
dann kimmt da Wast richtig in Fohrt!

Und es is wia jedesmol,
am End is da Wast hackedicht voll,
bist schaust hot er an totaln Preller,
denn da Wast sauft immer schneller!

Und dann um kurz vor Mitternacht,
Hoiwe warns inzwischen acht,
sagt er, i glaub, i muaß hoam,
sunst brummt der Schädl bis übermorgn!

Wia er aus dem Wirtshaus geht,
seght er pfeigrod, dass do sei Auto steht,
is ja wurscht geht's durch sei Hirn,
de poor Meter wird scho nix passiern!

Er steigt in sei Auto nei,
es kontrolliert scho koa Polizei!
Unsicher voll Tatendrang,
findet er den Rückwärtsgang.

Ohne dass er gscheid umschaut,
hot er glei den Gang eineghaut,
rückwärts stößt er kreideblaß,
in die olte Bräuhausstraß!

Ausgerechnet do fohrt a Auto vorbei,
und des war die Polizei,
rückwärts fohrt er wia am Schnürl,
an dene ehra Seitentürl!

Es hot einen Schepperer do,
den ma in da Gaststubm no hörn ko,
bis da Wast realisiert,
und denkt, wos is denn jetzt passiert?

Do mocht eahm oana s'Türl af,
und der schaut grod gor net brav!
Der Polizeimeister Franz Meier,
duat glei laut ins Auto schreia.

Ja sog amol, wia kons des gem,
ham Sie uns ebba net gseng?
Da Wast is aus dem Auto krochen,
und da Meier hot des Bier scho grochen!

Sofort merkt er, der is ja voll,
und sagt, dass er glei blosn soll!
Doch vorher wird no diskutiert,
und gred, wia is denn des passiert!

Da Polizist sagt, hättst a Hoiwe wenga trunga,
wars zu dem Unfall gor net kumma.
Du liegast dahoam scho lang im Bett,
und aso hamma do des Gfrett!

Do sagt da Wast, des is jetzt bled,
doch ganz aso stimmt des fei net,
hätt i a Hoiwe mehra trunga,
dann wars net zum Unfall kumma!
Den Schepperer, den hätts net gem,
weil es warts scho vorbei gfohrn gwen!

Der Brandalarm

Da Gruamschmid Vere vo Gruambo,
is a Mann, der alles ko!
Schweißen, flexen, schleifa,
stanzen, schraufa, streicha,
wuchten, draahn, nogln,
sageln, feilen und hobeln!
Mauern, putzen, grobm,
baggern und a Radlader fohrn.
Und weil er einfach alles ko,
wenn wos is, dann is er do!

Er hat auch manches Ehrenamt,
zum Beispiel is er Kommandant,
bei der Freiwilligen Feierwehr,
und auch im Sportverein is er!
Und do is des neulich passiert,
da neue Fußballplatz, der ghört planiert!
Drum ruafans glei an Vere o,
ob er mit dem Radlader kemma ko.
Selbstverständlich und hilfsbereit,
sagt er ja, er nimmt se Zeit!

Er lässt sofort an Radlader um,
es is scho a altes Trumm,
Baujahr 68 und 3 Tonnen schwer,
und gfahrn damit is er scho lang nicht mehr!
Die ersten Meter fahrt er scho,
do fangt des Trumm zum Raucha o.
Je weida er den Radlader bewegt,
umso mehra Rauch entsteht.
A riesen schwarze Wolkn hot er dabei,
und so fahrt er an da Siedlung vorbei!

No 800 Meter bis zum Sportplatz hot er bloß,
do geht plötzlich sei Piepser los.
Und als eifriger Kommandant,
stellt er an Radlader an den Straßenrand,
rennt sofort zum Feuerwehrhaus,
und holt des Löschfahrzeug heraus.
Über Funk hört er als Kommandant,
es gibt an Fahrzeugbrand,
und zwar in da Siedlungsstraß,
drum gibt da Vere sofort Gas.

Fünf Kameraden fahrn schnell hin,
ament san do no Menschen drin.
Mit Tütata und Tatatü,
kemmands an die Siedlung hi!
Außer an hauffa Siedlungsleid,
is nix zum seghn weit und breit!
Da Vere denkt, a so a Schmarrn,
scho wieda so a Fehlalarm!
Allas stellns wieder zruck ins Feuerwehrhaus,
und er geht wieda zum Radlader raus.

Er fahrt Richtung Sportplatz weida,
und moant des is des allagscheida!
De ersten Meter fahrt er scho,
do fangts wieda as Raucha o,
und wia er zum Sportplatz hi kimmt,
denkt er, ob er ebba spinnt,
schee staad wird eahm des scho zwida,
denn da Piepser geht scho wieda!
Und wia er zum Feuerwehrhaus rennt,
hört er, dass es jetzt am Sportplatz brennt!
Sofort war dann dem Vere klar,
dass der Alarm zwecks seim Radlader war!

Die Erinnerungslücke!

Dass er gestern bsuffa war,
is dem Sepp gleich morgens klar.
D'Wäsch liegt am Bodn, da Schädl brummt,
wia wenn a Bienenvolk drin surrt und summt!
Die Party war im Partykeller,
und zwoa Flaschn Wodka warn a Fehler!

Sei Frau mocht aa a grantigs Gsicht,
wos alles war, er weiß es nicht!
Drum ruaft er seinen Spezl o,
ob der sich noch erinnern ko,
sog ma bitte wos hob i gmacht,
die letzten Stunden in der Nacht!

Irgendwos is sicher gwen,
sonst tät mei Frau heut mit mir redn!
Sei Freind sagt, ja i woaß genau,
du warst gestern so dicht und blau,
wia a brunftröhrender Hirsch!
warst du gestern auf der Pirsch,

Und etwas kurz nach Mitternacht,
host sogor dei Frau angmacht,
und host gsagt zu deiner Annelies,
ob sie ebba a no Single is!

Bierzeltstimmung

Ins Bierzelt gehn is Tradition,
bei der etwas älteren Generation.
Auch da Franz geht gerne nei,
und schütt se zwoa, drei Masserl ei!
Er mog se net auf d'Bank raufstelln,
des liebste is eahm a Blaskapelln!

Prost trinka, ratschn und an Kaas,
des bereitet an Franz Spaß!
Doch meistens is eahm viel zu laut,
und des is, wovon eahm am meisten graut!
Die Stimmungsband spielt ununterbrocha,
de hörn net auf, do konnst nix mocha!

Lauter Hits, die Stimmung top,
auf de Tisch fahrns mit dem Bob,
bloß hinter der Bierzeltschänke,
holt fast koa Bedienung mehr Getränke,
do stößt da Franz sein Nachbarn o,
sehgst as, da Schenkkellner hot a Strickjackn dro.

Der sagt, des duat mi jetzt vobluffa,
wenn den friert, dann wird zweng gsuffa!

Brasilien

Bei einem großen Stehempfang,
do stehn die Leut scho stundenlang,
mit einem Glas Sekt in der Hand,
und reden alle durcheinand!
Beim Smalltalk kam es neulich vor,
dass ein Arzt und ein Professor,
sich über Länder erdreisten,
die sie im Urlaub schon bereisten!

Der Arzt sagt: Brasilien, nie mehr wieda!
Do wars so hoaß, des war ma zwida!
Und außerdem, duat er benenna,
dass aus Brasilien nur Schlampen und Fußballer kemma!
Do sagt der Professor mit bösem Gschau,
Sie, aus Brasilien kommt mei Frau!
Do sagt der Arzt sofort volegn,
ah, in wos für na Mannschaft spielt sie denn?

Stromausfall

In einem schönen Dorfwirtshaus,
gengand die Gäste ein und aus.
Nette Bedienung, guter Koch,
des is wos a Gast gern moch!
Drum is die Bude sonntags voll,
weils alle sogn, dorten is toll!

Doch wo viel is, braucht ma viel Strom,
a wenns a kloane Leitung ham.
Mikrowelle, Konvektomat,
Abzugshaum, Kühlaggregat,
Starkstrom für den hintern Grill,
irgendwann wird des zu viel!

Durch die vielen Geräte im Haus,
hauts öfter mal die Sicherung raus!
Da Schaltkasten fangt as schmoren o,
und da Hauselektriker is a scho do!
Er sagt, dass er des sofort woaß,
im Schaltkastn drinnat is zu hoaß!

Er duat dem Wirt sofort vozühln,
mia müss ma die Hitze runterkühln!
A Ventilator war net schlecht,
ob er net oan bringa mächt!
Zwoa Ventilatoren hamms serviert,
und vorm Schaltkastn dann platziert.

De solln den Kastn kälter mocha,
und dann kinnans in da Küch drin weidakocha!
Wias dann de Ventilatoren eingschalt hom,
sogns Scheiße, mia ham ja gor koan Strom!

Zum Schluss noch
ein paar Lieder
vom Bäff

Alle Dog an Rausch

Text und Musik: Josef Piendl

1. Al - le Dog an Rausch, des holt - at ma net aus,

al - le Dog an Sei - a, de Sach, de kaam doch z`dei - a,

al - le Dog an Wurf, do kaamst glei in Vo - ruaf, doch

ab und zu an Ble - scha, na geht`s da wie - da bes - sa, ja

ab und zu zam - bren - na, dann is glei wie - da schee - na!

2. Alle Dog a Geld,
   do warn ma mia guad gstellt,
   alla Dog a Moos,
   de Sach war grandios,
   alle Dog an Schotter,
   do lebat sa sichs flotter,
   und ab und zu im Lotto,
   den Jackpot und im Toto,
   de Richtigen dazua,
   i glaub na hätt ma gnua!

3. Alle Dog a Weih,
   i glaub i gangat ei,
   alle Dog a Frau,
   i werad hi wia d'Sau,
   alle Dog a Puppe,
   des Hobby is mia schnuppe,
   ab und zu a Schicks,
   dageng heid ma fei nix,
   ja ab und zu a Gschoß,
   Leid des war doch wos!

4. Alle Dog bloß redn,
   davo kon ma net lebm,
   alle Dog so singa,
   des kon ma fei net bringa,
   alle Dog bloß gstanzln,
   do fangast o as ranzln,
   doch ab und zu an Schnaps,
   Bedienung, wennts oan habts,
   saufa daatn i,
   an Bürgermeister schreibstn hi!

Mou net sa!

Text und Musik: Josef Piendl

Beim Hua-ba-bau-ern brennt der Sta-dl fun-kel-lich-ter - loh,
und da - nem die ol - te Hüt-tn fangt zum Rau-cha o, do
sagt der Kom-man - dant zur Trup-pe spritzt's doch bes-ser nei, do
rennt der Hua - ba - bau - er hi und sagt, des lasst's mol sei!

Refrain:

Mou net sa, mou net sa, lasst's es nie-da-
bren-na, mou net sa, mou net sa, um des Glump is doch net
schod. Mou net sa, mou net sa, weil i guad ver-sich-ert bin! Mou net
sa, mou net sa, d'Al-li - anz stellt's wie-der hin.

2. Neulich auf der Party, war die Res hackedicht blau,
und jedsmol wenn die bsuffa is, dann stellt sa se zur Schau,
sie sagt, auch wenn ich nun schon 73 Jahre bin,
Männer, wenn ihr wollt, leg ich einen Striptease hin!

3. Mou net sa, mou net sa, lass deine Hodern henga,
mou net sa, mou net sa, weil des wolln ma gor net seng,
mou net sa, mou net sa, ja des song mia glei,
mou net sa, mou net sa, mia foahn liaba in d' Tschechei.

4. Da Sepp, der sitzt im G'fängnis, scho 28 Jahr,
do kommt a Gnadenschreiben, und er sagt ja is des wahr,
und auch sein Anwalt, der bestätigts und sagt mach koa Gschau,
schon in ein paar Tagen darfst du heim zu deiner Frau.

5. Mou net sa, mou net sa, derf i net no dobleim,
mou net sa, mou net sa, denn bei eich do is recht schee.
Mou net sa, mou net sa, eigentlich is do net schlecht,
mou net sa, mou net sa, denn mei Alte schlagt me recht.

6. Eine Frau, de griagt a Baby und wird in den Kreissaal gschom,
möchten Sie mit eine, duat d' Hebamm den Gatten frong,
der schaut ziemlich zittrig seine Frau so o,
so sagt sie in den Wehen liegend, den lassts liaba do!

7. Mou net sa, mou net sa, lassts den doch heraussn,
mou net sa, mou net sa, weil do drin hauts den bloß um.
Mou net sa, mou net sa, ja des sagt sie glei,
mou net sa, denn bei da Zeugung war er a scho net dabei!

Wos is denn des, des is ja gor nix!

Text und Musik: Josef Piendl

1. Da Sepp aa gstan-dns Manns-bild, liebt die def-ti-ge Kost, wos gscheids, des is wos gscheids, sagt er, und zwi-schen-durch ein Prost. Er griagt von sei-ner Frau, zum Sil-ber-hoch-zeits-doch, a Ein-la-dung ins Res-tau-rant, zum fünf Ster-ne Koch. Für neun-und-neun-zig Eu-ro bstellt er a ganz Me-nü, wia er den Haupt-gang seght, sagt er Leid ver-arschts ihr mi?

Refrain:

Wos is denn des, des is ja gor nix, des is ja wen-ga wia weng, so weng hob i no net gseng! Wos is den des, des is ja gor nix, des is ja wen-ga wia weng, so weng hob in no net gseng!

134

2. Früher war da Hans holt immer total blank,
   doch dank dem vielen Sparen, hod er jetzt wos auf der Bank.
   Da Anlageberater redt den Hans dann o,
   a Sparbüchl is out, du brauchst an Aktienfond!
   Nach zwei Jahren do schaut er auf den Kontoauszug,
   er hot grod no die Hälfte, wos der Betrag mal betrug.

   Refrain

3. Zum Sommerschlußverkauf, möcht an Papa seine Tochter.
   Sie fragt ihn ob er mitfährt, in Gottes Nam, ja des mocht er.
   Im Kaufhaus an der Eingangstür, am Wühltisch wird gegraben.
   Bikini, Tops und Wonderbra, sie tut sich sehr erlaben.
   An Stringtanga hots gfunden, es war a ganz a knappa,
   kaum Stoff, bloß Saum hots in da Hand,
   und drauf sagt dann der Papa!

   Refrain

4. Und es war a junga Bursch, sein Name der war Toni,
   der möcht zum Fensterln geh, und zwar zu da feschen Moni.
   Denn sie is sehr erfahren, und er is noch Jüngling,
   und damit er ebbas lernt, möcht er gern bei ihr drin liegn.
   Wie Gott ihn hat erschaffen, steht er so vor ihr da,
   und wie sie ihn erblickt hot, fangt sie zum Grinsen o!

   Refrain

5. Und jetzad is des Liadl holt a scho wieda aus,
   und I gfreiat me natürlich auf einen Applaus!   (kleine Pause)

   Wos is denn des, des is ja gor nix,
   des is ja wenga wia weng, so weng hob i no nie gseng!
   Wos is denn des, des is ja gor nix,
   des is ja wenga wia weng, gor nix is a Dreck dageng!

Des glaubst ja selba net!

Text und Musik: Josef Piendl

Beim Kaf-fee-kränz-chen sit-zen Da-men bei-a-nand, und sie
rich-ten ih-re Män-ner rich-tig aus. Bloß
Oa-ne is da-bei, de sagt da mei is per-fekt, ja der
hilft so-gar da-hoam bei mir im Haus. Er duat
put-zen, er duat wosch-n, er duat bü-geln und holt Gosch-n und er
saugt so-gar die Tep-pi-che gern aus. Und
wenn er mol am Klo sitzt, und`s Pa-pier des geht zur Nei-ge, ja dann
wech-selt er die Klo-rol-le aus!

Refrain:

Des glaubst ja sel - ba net, des glaubst ja de - na sel - ba net,— des glaubst ja

sel - ba net, dass der des all`s mocht. Des glaubst ja

sel - ba net des glaubst ja de - na sel - ba net,— des glaubst ja

sel - ba net, wia host den so weit brocht!

2. Und am Stammtisch do sitzt Oana,
   der reißt s'Maul allweil auf,
   und er liagt, dass se die Balken grod so biang,
   er woaß allas, er kon allas und hot an hauffa Geld,
   und es is wahr, er daat im Leben niemals liang.
   Er hot s'Abitur, is Model und designt Parfüm aus Odl,
   er hot jede ghabt und alls hot er scho gseng.
   Und wenn er mol zum Golf will, oder zu am Fußballspiel,
   ja, dann braucht er bloß mitm Beckenbauer redn!

   Refrain:
   Des glaubst ja selba net, des glaubst ja selba net,
   des glaubst ja selba net, wos du do allas sagst,
   des glaubst ja selba net, des glaubst ja selba net,
   des glaubst ja selba net, dass du des allas packst!

3. Die Oma geht zum Beichten, schon aus Tradition,
   und da Pfarrer denkt, jetzt is' scho wieda do.
   Sie kniet se nieder, macht's Kreuzzeichen,
   gelobt sei Jesus Christus, sagt's, und jetzt fang i o.
   I hob gstohln und i hob glong,
   bin mit dem Bus allweil schwarzgfohrn,
   i hob gscholtn und die Zech prellt hob i grod.
   Hab mir einen angelacht, und mich dann an ihn rangemacht.
   und verstoßen gega's sechste Gebot!

   Refrain:
   Des glaubst ja selba net, des glaubst ja dena selba net,
   des glaubst ja selba net, dass des allas stimmt,
   des glaubst ja selba net, des glaubst ja dena selba net,
   des glaubst ja selba net, dass ma dir des obnimmt!

4. Und wenn i amol fort bin, dann mog i nimma hoam,
   weils im Wirtshaus so schee is.
   Große Stimmung und a Gaudi, und bediena duat de Traudi,
   ja dann fühlt ma se fast wie im Paradies.
   Gute Brotzeit, volle Massen, schöne Witze, alles duat passen,
   ja do wird mir dann ums Herzal ganz woam.
   Doch plötzlich dröhnts in meinen Ohren,
   die Frau, die ich auserkoren, und die sagt:
   IN ZEHN MINUTEN GEHN MA HOAM!

   Refrain:
   Des glaubst ja selba net, des glaubst ja dena selba net,
   des glaubst ja selba net, dass i scho mit Hoam geh,
   des glaubst ja selba net, des glaubst ja dena selba net,
   des glaubst ja selba net, weil eitza wirds erst schee!

Ein kurzes Schlusswort

Liebe Leserin, lieber Leser,

nun sind Sie am Ende meines dritten Buches angekommen. Ich hoffe, ich konnte Ihnen mit meinem Humor einige Male ein Grinsen oder ein Lachen auf die Lippen zaubern.

Denn ich habe es mir zur Aufgabe gemacht, die Welt um mich herum ein bisschen humorvoller und lustiger zu machen – der Alltag ist oft trist und grau genug!

Es tut jedem Menschen einfach gut, wenn man die Sorgen oder Schwierigkeiten im Leben mal kurz vergessen kann, und sich zurücklehnt und amüsiert.

Ich wünsche Ihnen, dass Sie nun zufrieden dieses Buch weglegen – aber auch manchmal wieder darin nachschlagen, wenn Sie einen Stimmungsaufheller brauchen!

Bleiben Sie gesund, glücklich und zufrieden!
Das wäre mir am liebsten!

Mit den besten Wünschen

Ihr

Josef „Bäff" Piendl

Bisher im **Piendl-Verlag** erschienen:

Tel.: 09468/1248 · www.piendl.de

ISBN 978-3-00-019332-3 / Bestell-Nr. 1001

ISBN 978-3-00-032322-5 / Bestell-Nr. 1011

Bayerisch humorvolle Mundartbücher mit lustigen Gedichten, Witzgedichten, Geschichten, Sketchen, Witzen sowie jede Menge Sprüche und Tipps für so manche Lebenssituationen!

Tonträger:

Bestell-Nr. 0260

Bestell-Nr. 1006

Bestell-Nr. 1007

Bestell-Nr. 1008

Bestell-Nr. 1009

Bestell-Nr. 1010